Immense avantage au point de vue de la discrétion.

TENUE DES LIVRES EN PARTIE DOUBLE

TRAITÉ DES SOLDES
DE FIN D'ANNÉE
SUR

JOURNAL PARTICULIER

PAR

Pierre LEHOUCQ

COMPTABLE

Cette méthode, **simple et facile,** ne change rien aux écritures courantes de l'année sur le **Gros Journal actuel.** — Elle n'exige que l'emploi supplémentaire d'un **Journal et d'un Grand-Livre particuliers** de quelques folios seulement. — La tenue de ces livres ne demande que quelques heures de travail par an. — Au moyen **du Journal particulier, le personnel d'une maison ne connait :** ni le capital, ni les commandites, ni les prêts par la famille ou à la famille, ni les bénéfices ou pertes, etc.

PRIX : 3 Fr.

DEUXIÈME ÉDITION AUGMENTÉE DU

JOURNAL GRAND-LIVRE RÉDUIT A SA PLUS SIMPLE EXPRESSION

Chaque règlement ne prend qu'une ligne, soit : **moitié moins de travail ;**
Chaque débit a en face son ou ses crédits et *vice versa,* soit : **simplification et grande clarté.**

EN VENTE

CHEZ L'AUTEUR, rue du Faubourg-de-Tournai, 4, à FIVES-LILLE

ET CHEZ LES PRINCIPAUX LIBRAIRES

1873

TRAITÉ

DES

SOLDES DE LA COMPTABILITÉ

EN PARTIE DOUBLE

AVEC JOURNAL PARTICULIER

TRAITÉ

DES

SOLDES DE LA COMPTABILITÉ

EN PARTIE DOUBLE

AVEC UN

JOURNAL PARTICULIER

Commençant et clôturant les écritures en les résumant

ET UN

JOURNAL D'ANNÉE COURANTE (gros Journal actuel)

Ayant chacun leur Grand-Livre respectif avec chacun leurs BALANCES DE VÉRIFICATION INDÉPENDANTES

PAR

Pierre LEHOUCQ

COMPTABLE

Le Journal d'année courante (gros Journal) **ne connaît jamais :**

Le CAPITAL ;
L'INVENTAIRE des marchandises ;
Les BÉNÉFICES ou PERTES sur marchandises ;

La VALEUR des immeubles, actions, obligations;
Les PRÊTS à la famille ou par la famille, les commanditaires, les prêts sur hypothèques, etc., etc.

Le Journal et le Grand-Livre particuliers centralisant toutes les écritures exigent à peine **une journée de travail par an.**

PRIX : 3 Fr.

NOTA. — *Cet ouvrage,* qui *offre un immense avantage au point de vue de la discrétion*, a été mis en pratique par l'auteur dans plusieurs maisons de commerce de Lille.

1872

Lille. — Imp. Lefebvre-Ducrocq, rue Esquermoise, 57.

IDÉE GÉNÉRALE ET BUT DE LA MÉTHODE

Dans le cours de cette méthode : j'appelle Journal particulier ou Comptabilité particulière le journal tenu par le négociant lui-même ou par une personne de confiance. Ce journal a pour but de mettre les négociants à l'abri de toutes les indiscrétions. Au moyen du Journal particulier, le personnel des bureaux ne connaît : ni le capital, ni l'inventaire des marchandises, ni les bénéfices ou pertes, ni la valeur des immeubles, actions, obligations, ni les commandites, ni les prêts par la famille ou à la famille, ni ceux sur hypothèques, etc., etc.

Ce Journal particulier a son Grand-Livre respectif sur lequel un nouveau compte intitulé : Journal d'année courante, est ouvert.

J'appelle Journal d'année courante ou Comptabilité courante le gros journal en usage chez tous les négociants, sur lequel rien n'est changé quant aux formules employées pour passer les articles pendant le courant de l'année.

Ce Journal d'année courante a son Grand-Livre respectif sur lequel un nouveau compte intitulé : Journal particulier est ouvert.

La Comptabilité particulière commence et clôture les écritures en les résumant ; elle ne demande que quelques heures de travail par an.

La Comptabilité d'année courante ne connaît que les opérations courantes, c'est-à-dire les ventes, achats, réglements, frais généraux, etc., et ne connaîtra jamais les comptes ci-dessus spécifiés comme étant seuls connus de la comptabilité particulière.

Si, pendant le courant d'une année on veut donner de l'extension à son commerce en s'associant un commanditaire ou en empruntant des fonds à sa famille, on crédite la personne qui donne les fonds, sur la comptabilité particulière en débitant la comptabilité d'année courante celle-ci reçoit les fonds, débite sa caisse en créditant le compte Journal particulier sans connaître la provenance des espèces.

Si, par contre, on veut payer certain prêt porté sur la comptabilité particulière, on passe un article en sens inverse. — La caisse commerciale verse les fonds entre les mains du négociant qui paie le créancier en le débitant sur son Journal particulier par le crédit du Journal d'année courante, celui-ci crédite sa caisse et débite le compte Journal particulier; par suite la comptabilité d'année courante ne connaît pas la destination des fonds.

BALANCES DE VÉRIFICATION

La comptabilité d'année courante peut faire ses preuves par balances de vérification mensuelles, trimestrielles, etc., sans avoir besoin de prendre aucun chiffre porté sur la comptabilité particulière qui reste dans le secret le plus absolu.

Résumé.

En somme, ces deux comptabilités, tout à fait distinctes l'une de l'autre pour une même maison, peuvent s'appliquer à n'importe quel genre d'industrie ; celle d'année courante commence par débiter et créditer les clients, fournisseurs et autres comptes qui l'intéressent en créditant et débitant le compte Journal particulier (qui a préalablement passé les écritures dans ce sens), elle se solde en fin d'année dans la comptabilité particulière pour permettre à celle-ci de clôturer ses écritures et faire varier le capital suivant les bénéfices et pertes.

Importance du travail à faire sur Journal particulier.

Il faut à peine une journée de travail après chaque inventaire pour résumer et clôturer les écritures sur le Journal particulier et quelle que soit l'importance du commerce un journal particulier de 50 folios peut durer au moins 20 ans.—Il suffira d'une page ou deux à remplir par an pour être en garde contre toutes les indiscrétions. — Les deux journaux étant paraphés, par M. le président du tribunal de commerce, on est à couvert devant la loi. — Le négociant qui voudra se donner la peine de suivre point à point, article par article, ma méthode pourra commencer et clôturer lui-même les écritures peu compliquées du journal particulier, et si, dans tous les cas, il veut laisser cette besogne à une personne de confiance, il aura l'avantage de pouvoir confier à tout son personnel ses écritures courantes de l'année, pour faire les avis de traites, recherches d'erreurs, etc., sans que ce personnel sache sa position de fortune et ses bénéfices successifs. — (Les mêmes avantages viennent en aide en cas de force majeure, maladies, etc.)

PRATIQUE DE LA MÉTHODE

Ce mode de comptabilité, employé par l'auteur dans plusieurs maisons de commerce de Lille, a fait ses preuves et est appelé à rendre un immense service à tous les négociants.

Comme pratique, rien n'est changé à la rédaction des formules employées pour passer les articles pendant tout le courant de l'année, sur le Journal d'année courante (Gros Journal actuel). Les modifications apportées à l'ancienne méthode ne regardent que le début et la clôture des écritures, sauf variation de commandites, prêts sur hypothèques, etc., pendant le courant de l'année. Tous ces exemples sont donnés dans la méthode qui va suivre.

MÉTHODE

Je suppose qu'une maison de commerce, après un inventaire et après avoir clôturé ses écritures comme par le passé, ait un Bilan arrêté au 1er janvier 1873, décomposé comme suit :

ACTIF

			Fr.
Caisse	Espèces en caisse . .		2,000 »
Effets à recevoir	Effets en portefeuille.		8,000 »
Marchandises générales	en magasin suivant inventaire . . .		70,000 »
Faucher (*mon beau-frère*)	ce qu'il me doit (à lui prêté en espèces) .		10,000 »
Débiteurs divers (CLIENTS, ETC.)	DURAND ce qu'il me doit à nouveau	Fr. 4,000 »	
	DERACHE id.	7,000 »	
	DERODE id.	8,000 »	
	DESWARDE id.	3,000 »	
	DESTAILLEURS id.	2,500 »	
	DESFONTAINE id.	6,000 »	
	DUTILLEUL id.	18,000 »	
	DOUTRELIGNE id.	1,500 »	50,000 »
Mobilier	suivant inventaire		8,500 »
Immeuble	sis rue Lafayette, à Paris.		60,000 »
	TOTAL DE L'ACTIF. . .		208,500 »

PASSIF

A Effets à payer	Effets restant à payer . . .		13,000 »
A Ricard .	mon commanditaire		22,000 »
A Créditeurs divers (FOURNISSEURS, BANQUIERS, etc.)	CORDIER que je lui dois	Fr. 23,000 »	
	CORNU id.	7,000 »	
	CARMIN (banquier) id.	29,000 »	
	CARRETTE id.	8,000 »	
	CORNILLOT id.	8,000 »	75,000 »
A Capital partant mon capital net est de. . Fr.			98,500 »
	TOTAL DU PASSIF. . .		208,500 »

JOURNAL PARTICULIER

Passer sur Journal particulier un premier article comme suit :

Les suivants à Balance d'entrée :

(Ce qui suit composant mon Actif)

Caisse	Espèces en caisse. .	2,000 »
Effets à recevoir	Effets en portefeuille.	8,000 »
Marchandises générales	en magasin suivant inventaire . . .	70,000 »
Faucher (*mon beau-frère*)	ce qu'il me doit . .	10,000 »
Débiteurs divers	ce qu'ils me doivent (détaillés sur Journal d'année courante).	50,000 »
Mobilier	suivant inventaire .	8,500 »
Immeuble	sis rue Lafayette, à Paris	60,000 »
		208,500 »

(Voir Journal particulier, page 30, art. 1er).

Passer sur Journal particulier un deuxième article comme suit :

Balance d'entrée aux suivants :

(Ce qui suit composànt mon Passif)

A Effets à payer	Effets restant à payer.	13,000 »
A Ricard	mon commanditaire (que je lui dois).	22,000 »
A Créditeurs divers	que je leur dois (détaillés sur Journal d'année courante	75,000 »
A Capital	net de ce que je posséde à ce jour	98,500 »
		208,500 »

(Voir Journal particulier, page 30, art. 2).

Après cela, pour permettre au Journal d'année courante de débiter sur ses écritures les comptes Caisse, Effets à recevoir et tous les Débiteurs divers, il faut que le Journal particulier le débite d'autant. — Le Journal d'année courante pourra dès-lors créditer le compte Journal particulier et débiter à nouveau un à un tous les comptes Débiteurs qui l'intéressent, pour ce, passer sur Journal particulier l'article suivant :

Journal d'année courante aux suivants :

A Caisse	Espèces en caisse	2,000 »
A Effets à recevoir	Effets en portefeuille . . .	8,000 »
A Débiteurs divers	ce qu'ils me doivent (détaillés sur Journal d'année cour^te.	50,000 »
		60,000 »

(Voir Journal particulier, page 31, art. 3).

(Le montant de l'Inventaire des marchandises, le prêt fait par moi à mon beau-frère Faucher, la valeur du mobilier et celle de l'immeuble, sont inconnus du Journal d'année courante, en restant débités et par conséquent non soldés sur Journal particulier.)

Ensuite, pour permettre au Journal d'année courante de créditer sur ses écritures les comptes Effets à payer et les créditeurs divers, il faut que le Journal particulier le crédite d'autant.— Le Journal d'année courante pourra dès lors débiter le compte Journal particulier et créditer à nouveau un à un tous les comptes créditeurs qui l'intéressent, pour ce, passer sur le Journal particulier l'article suivant :

Les suivants à Journal d'année courante :

Effets à payer	Effets restant à payer . . .	13,000 »
Créditeurs divers	ce qu'ils me doivent (détaillés sur Journal d'année courante)	75,000 »
		88,000 »

(Voir Journal particulier, page 31, art. 4.)

(Les 22,000 francs dus à Ricard, mon commanditaire, et mon capital net s'élevant à 98,500 fr. sont inconnus sur Journal d'année courante en restant crédités et par conséquent non soldés sur Journal particulier).

Quand les quatre articles ci-dessus sont passés, on procède au dépouillement sur Grand-Livre particulier des articles passés sur Journal particulier.

Dépouillement sur Grand-Livre du Journal particulier.

Pour faciliter le dépouillement par ceux qui sont très peu au courant de la comptabilité en partie double, je mets, sur Journal particulier, les lettres (D) et (C) entre parenthèses après l'énonciation de chaque compte pour que l'on puisse de suite distinguer :

1° Les Comptes débiteurs (D) et les dépouiller sur Grand-Livre particulier colonne Débit.

Et 2° Les comptes créditeurs (C) et les dépouiller sur Grand-Livre particulier colonne Crédit.

Du reste, sur le Journal particulier se trouvent les numéros des pages du présent livre et les numéros de folios renvoyant à son Grand-Livre, il suffira de consulter l'un et l'autre pour bien comprendre la marche à suivre.

Quand ce travail est terminé, on met la comptabilité particulière dans les archives jusqu'à l'inventaire suivant ou jusqu'à ce qu'il y ait, dans le courant de l'année, un remboursement de commandite ou une nouvelle commandite, ou bien une rentrée ou une sortie de valeurs applicables aux comptes restés non soldés sur Journal particulier.

Plus avant on trouvera des exemples où ces différents cas sont résolus ; il suffit, pour le moment, de ne s'occuper que de la suite des écritures à passer sur le Journal d'année courante.

JOURNAL D'ANNÉE COURANTE (1)

D'après Journal particulier article 3 (page 31), le Journal d'année courante a été débité de fr. 60,000 décomposés comme suit :

Caisse	espèces en caisse . . fr.	2,000	»
Effets à recevoir	effets en portefeuille . .	8,000	»
Débiteurs divers	ce qu'ils me doivent . .	50,000	»
		60,000	»

Pour être d'accord avec la Comptabilité particulière le Journal d'année courante doit créditer le Journal particulier de ces 60,000 francs, ce qui lui permettra de débiter

(1) Il est facultatif d'employer comme Journal un Journal Grand-Livre ou un Journal simple. Si j'emploie sur cette méthode le Journal simple c'est pour donner plus de détails aux Débits et Crédits des comptes généraux sur Grand-Livre. (Voir comme méthode abréviative, à la fin de cet ouvrage, le Journal Grand-Livre réduit à sa plus simple expression).

un à un à nouveau chacun des comptes débiteurs *(Voir le bilan, p. 8, pour avoir le détail des 50,000 fr. dus par les débiteurs divers)*, pour ce, passer sur Journal d'année courante un premier article comme suit :

Les suivants à Journal particulier :

			Fr.	
Caisse		à nouveau espèces en caisse. .		2,000 »
Effets à recevoir		effets en portefeuille.		8,000 »
Débiteurs divers	DURAND	ce qu'il me doit à nouveau	4,000 »	
	DERACHE	id.	7,000 »	
	DERODE	id.	8,000 »	
	DESWARDE	id.	3,000 »	
	DESTAILLEURS	id.	2,500 »	
	DESFONTAINES	id.	6,000 »	
	DUTILLEUL	id.	18,000 »	
	DOUTRELIGNE	id.	1,500 »	50,000 »
				60,000 »

(Voir Journal d'année courante, art. 1er, page 56.)

D'après art. 4 sur Journal particulier (page 31) le Journal d'année courante a été crédité de fr. 80,000 », décomposés comme suit :

Effets à payer	Effets restant à payer. .	fr.	13,000 »
Créditeurs divers	Ce que je leur dois. . .		75,000 »
		fr.	88,000 »

pour être d'accord avec la comptabilité particulière, le Journal d'année courante doit débiter le Journal particulier de ces 88,000 fr., ce qui lui permettra de créditer un à un à nouveau, chacun des comptes créditeurs *(voir Bilan, page 9, pour avoir le détail des 75,000 fr. dus aux créditeurs divers)* pour ce, passer sur Journal d'année courante un deuxième article comme suit :

Journal particulier aux suivants :

A Effets à payer	Effets restant à payer. . . .			13,000 »
Créditeurs divers	à CORDIER	que je lui dois	Fr. 23,000 »	
	à CORNU	id.	7,000 »	
	à CARMIN, banquier	id.	29,000 »	
	à CARRETTE	id.	8,000 »	
	à CORNILLOT	id.	8,000 »	75,000 »
				88,000 »

(Voir Journal d'année courante, page 56, art, 2.)

La comptabilité d'année courante ayant, par les deux articles qui précèdent, fait entrer à nouveau sur ses écritures tous les comptes débiteurs et créditeurs qui l'intéresse n'a plus qu'à suivre et continuer ses écritures en passant ses articles comme par le passé, car, quelles que soient les formules employées, on ne peut que débiter les comptes qui reçoivent et créditer les comptes qui donnent. Il n'y a donc rien à changer dans la rédaction de ces articles.

Les articles 3 à 18 du Journal d'année courante représentant des achats, ventes, réglements, frais généraux, donnent des exemples que tous les comptables comprendront. Ils sont imaginés pour donner le modèle d'une comptabilité bien tenue et dépouillée au fur et à mesure sur le Grand-Livre du Journal d'année courante (page 63). (1)

Balance de vérification du Grand-Livre d'année courante.

Dans toute les comptabilités en partie double, on a besoin de dresser des balances de vérification pour s'assurer si le transport des articles du Journal au Grand-Livre s'est effectué sans erreur

(1) Le présent ouvrage n'est qu'un traité des soldes et non pas un traité de tenue des livres, par conséquent, je n'indique pas pourquoi et comment il faut passer les articles communs à toutes les comptabilités, laissant à chacun sa manière d'opérer.

ni omission. Pour prouver que ma comptabilité se balance parfaitement sans avoir recours au Journal et au Grand-Livre particuliers, je donne ci-après le relevé des totaux des comptes débiteurs et créditeurs sur Grand-Livre d'année courante au 31 Janvier.— Le total général de cette balance donne au débit et au crédit le même chiffre que le total à même époque sur le Journal d'année courante.

BALANCE DE VÉRIFICATION DU GRAND-LIVRE D'ANNÉE COURANTE

AU 31 JANVIER 1873.

Nos des pages	Folios du Grand-Livre	SPÉCIFICATION DES COMPTES	DÉBIT		CRÉDIT
64/65	1	Journal particulier. . .	88,000 »		60,000 »
66/67	2	Caisse.	13,850 »		13,512 »
68/69	4	Effets a recevoir	21,000 »		20,300 »
70/71	5	Effets a payer.	3,000 »		13,000 »
72/73	8	Durand	6,500 »		»
74/75	9	Derache.	7,350 »		7,000 »
»	10	Derode	8,000 »		8,000 »
76/77	11	Deswarde	4,500 »		»
»	12	Destailleurs.	2,500 »		»
78/79	13	Desfontaines	6,000 »		3,000 »
»	14	Dutilleul.	18,000 »		»
80/81	15	Doutreligne.	1,500 »		»
»	16	Cordier	6,000 »		24,700 »
82/83	17	Cornu.	4,000 »		7,000 »
»	18	Carmin (banquier)	11,300 »		37,000 »
84/85	19	Carrette	5,000 »		10,500 »
»	20	Cornillot	4,200 »		8,000 »
68/69	3	Marchandises générales .	4,200 »		4,350 »
70/71	6	Frais généraux	312 »		»
72/73	7	Profits et pertes	1,150 »		»
		Egal au total sur Journal d'année courante, art. 18 compris	216,362 »		216,362 »

Remboursement d'un Commanditaire

AU MOYEN D'UN PRÊT SUR HYPOTHÈQUE

(Ecritures à passer sur Journal particulier.)

Je suppose ici que le 3 Février, la maison de commerce représentée par les exemples que je donne sur cette méthode, soit obligée de rembourser les 22,000 fr. dus à son commanditaire Ricard. N'ayant pas les fonds disponibles, elle se trouve forcée d'emprunter à un sieur Norbert, moyennant première hypothèque prise sur son immeuble rue Lafayette, une somme de 30,000 fr. que M. Norbert verse en espèces, dont 22,000 fr. sont destinés à payer M. Ricard, plus 90 fr. pour intérêts à lui dus depuis le 1er Janvier et le reste des fonds (7910 fr.) versé dans la caisse commerciale.

Avec un simple article passé sur le Journal particulier on créditera Norbert des 30,000 fr. qu'il avance et on débitera :

1° Ricard de fr. 22,000 » à lui remboursés espèces;
2° Profits et Pertes de fr. 90 » pr intérêts payés à Ricard;
Et 3° Le compte Journal d'année courante des 7,910 fr. versés en espèces dans la caisse commerciale.

Article à passer sur Journal particulier

Les suivants à Norbert :

Ricard ma remise espèces pour solde de sa commandite	22,000	»
Profits et Pertes intérêts 1 mois dus à Ricard, à lui payés ce jour . . .	90	»
Journal d'année courante ma remise espèces dans la caisse commerciale .	7,910	»
Fr.	30,000	»

(Voir Journal particulier, page 31, art. 5.)

Quant au Journal d'année courante qui n'a reçu que fr. 7910 » en espèces il débitera son compte Caisse en créditant le compte Journal particulier qui a fourni les fonds *(voir page 59, art. 19)* et ne connaîtra pas plus le prêt sur hypothèque que le remboursement du commanditaire.

Il y a, du reste, bien d'autres cas où les écritures passées par Journal particulier peuvent servir.

Ainsi par exemple :

Un négociant, suivant bénéfices assez ronds, possède trop d'argent dans la caisse commerciale et veut s'en faire servir les intérêts en plaçant ses fonds en rentes sur l'état, obligations, actions sur chemins de fer, etc., il lui suffira de dire à son caissier-comptable « donnez-moi tant....» et débitez Journal particulier et sur Journal particulier il débitera le compte rentes, actions et obligations, en créditant le compte Journal d'année courante pour ce, passer sur Journal particulier un article ainsi conçu :

Rentes, actions et obligations à Journal d'année courante :

Achat de..... (détailler les valeurs achetées) fr. ....

En suivant le même raisonnement on peut passer par Journal particulier les achats de propriétés et débiter sur Journal particulier le compte immeubles par le crédit du compte journal d'année courante dont la caisse a versé les fonds et qui a préablement débité le compte Journal particulier.

Remboursement en espèces du prêt fait à mon beau-frère Faucher.

Se suivent maintenant quelques articles sur Journal d'année courante, articles usuels à toutes les comptabilités (n°20 à n° 22, page 59) jusqu'au 15 février moment où mon beau-frère Faucher me remet les 10,000 francs que je lui ai prêtés, je verse cette somme dans ma caisse commerciale. Le journal d'année courante dont la caisse reçoit les fonds crédite le compte journal particulier en débitant son compte caisse (art. 23, page 59) et ne connaît conséquemment pas la provenance des fonds.

De son côté, le Journal particulier créditera pour solde mon beau-frère Faucher en débitant le journal d'année courante qui a reçu les espèces et passera l'article ci-après :

Journal d'année courante à Faucher, mon beau-frère

Sa remise espèces pour solde de ce que je lui ai prêté, fr. . 10,000

(*Voir Journal particulier, page 31, art. nº 6*).

Les articles nos 24, 25 et 26 sur journal d'année courante sont encore des articles communs à toutes les comptabilités et sur lesquels je ne m'arrête pas.

Manière d'opérer pour clôturer les écritures

SUR LE JOURNAL D'ANNÉE COURANTE

La difficulté pour clôturer les écritures après deux mois d'opérations commerciales est la même que pour les clôturer après un an, par conséquent, pour ne pas prolonger inutilement ces séries d'articles jusqu'en fin Décembre, je vais procéder aux soldes et à la clôture en fin Février de la comptabilité donnée comme exemple sur cette méthode.

Sur le journal d'année courante, quand le comptable a fait toutes ses preuves au moyen de ses livres auxiliaires (chaque genre de commerce a des moyens de vérification spéciaux), il procédera à la rédaction de la balance de vérification des sommes dépouillées sur Grand-Livre du Journal d'année courante.

Ci-après relevé des totaux au 28 Février.

BALANCE DE VÉRIFICATION DU GRAND-LIVRE D'ANNÉE COURANTE

AU 28 FÉVRIER 1873.

Nos des pages	Folios du Grand-Livre	SPECIFICATION DES COMPTES	DÉBIT	CRÉDIT	SOLDES DÉBITEURS	SOLDES CRÉDITEURS
64/65	1	Journal particulier. .	88,000 »	77,910 »	10,090 »	»
66/67	2	Caisse	34,220 »	26,112 »	8,108 »	»
68/69	3	Marchandises général.	4,200 »	36,050 »	»	31,850 »
»	4	Effets à recevoir. . .	36,000 »	28,300 »	7,700 »	»
70/71	5	Effets à payer. . . .	3,000 »	13,000 »	»	10,000 »
»	6	Frais généraux . . .	512 »	»	512 »	»
72/73	7	Profits et pertes. . .	1,690 »	400 »	1,290 »	»
»	8	Durand	6,500 »	»	6,500 »	»
74/75	9	Derache	7,350 »	7,000 »	350 »	»
»	10	Derode.	21,700 »	8,000 »	13,700 »	»
76/77	11	Deswarde	4,500 »	»	4,500 »	»
»	12	Destailleurs.	15,700 »	»	15,700 »	»
78/79	13	Desfontaines	6,000 »	3,000 »	3,000 »	»
»	14	Dutilleul	22,800 »	18,000 »	4,800 »	»
80/81	15	Doutreligne.	1,500 »	»	1,500 »	»
»	16	Cordier.	23,000 »	24,700 »	»	1,700 »
82 83	17	Cornu	4,000 »	7,000 »	»	3,000 »
»	18	Carmin (banquier). .	11,300 »	37,000 »	»	25,700 »
84/85	19	Carette.	5,000 »	10,500 »	»	5,500 »
»	20	Cornillot	8,000 »	8,000 »	»	»
Totaux aux Débit et Crédit égaux à celui du journal art. 26 compris			304,972 »	304,972 »	77,750 »	77,750 »

On remarquera sur cette balance les colonnes ménagées pour les Soldes Débiteurs et Créditeurs.

Ainsi que je l'ai dit plus haut, la comptabilité d'année courante se solde complètement au moment de chaque inventaire dans la comptabilité particulière par suite, il faut, sur Journal d'année courante :

1° Débiter journal particulier en créditant un à un tous les comptes correspondants aux soldes débiteurs de la balance de vérification ci-avant;

2° Créditer journal particulier en débitant un à un tous les comptes correspondants aux soldes créditeurs de la balance de vérification ci-avant.

Ce faisant la comptabilité d'année courante sera complètement soldée et clôturée.

Sur la comptabilité d'année courante donnée comme exemple sur cette méthode, il faudra passer les deux articles suivants :

1° Journal particulier aux suivants :

A journal particulier (1) pour solde		fr.		10,090 »
A Caisse		id.		8,108 »
A Effets à recevoir		id.		7,700 »
A Frais généraux		id.		512 »
A Profits et Pertes		id.		1,290 »
Débiteurs divers	à DURAND	id.	6,500 »	
	à DERACHE	id.	350 »	
	à DERODE	id.	13,700 »	
	à DESWARDE	id.	4,500 »	
	à DESTAILLEURS	id.	15,700 »	
	à DESFONTAINES	id.	3,000 »	
	à DUTILLEUL	id.	4,800 »	
	à DOUTRELIGNE	id.	1,500 »	50,050 »
Total égal au total des Soldes Débiteurs sur balance vérification				77,750 »

(Voir Journal d'année courante, page 60, art. 27).

(1) Le compte Journal particulier sur Journal d'année courante se solde de lui-même par lui-même, c'est là qu'est la clef de la méthode.

Et 2° **Les suivants à Journal particulier :**

Effets à payer	pour solde			10,000 »
Marchandises générales	id.			31,850 »
Créditeurs divers.	CORDIER	pour solde, fr.	1,700 »	
	CORNU	id.	3,000 »	
	CARMIN	id.	25,700 »	
	CARRETTE	id.	5,500 »	35,900 »
TOTAL égal au total des soldes créditeurs sur Balance de vérification				77,750 »

(Voir Journal d'année courante, page 61. art. 28).

De la rentrée des soldes de la comptabilité d'année courante

DANS LA COMPTABILITÉ PARTICULIÈRE

Pour faire rentrer les soldes de la comptabilité d'année courante dans la comptabilité particulière, il suffit de passer deux articles en sens inverse de ceux passés pour clôturer les écritures sur Journal d'année courante, ce qui revient à dire :

1° Créditer le compte Journal d'année courante des soldes de ses comptes débiteurs, en débitant sur Journal particulier les comptes débiteurs de ce qu'ils doivent (les débiteurs divers en bloc) ;

2° Débiter le compte Journal d'année courante des soldes de ses comptes créditeurs, en créditant sur Journal particulier les comptes créditeurs de ce que la maison doit (les créditeurs divers en bloc)

Sur Journal particulier passer les deux articles ci-après :

1° **Les suivants à Journal d'année courante :**

Journal d'année courante(1) solde de ce compte s. Jal d'année cte		10,090 »
Caisse	id.	8,108 »
Effets à recevoir	id.	7,700 »
Frais généraux	id.	512 »
Profits et Pertes	id.	1,290 »
Débiteurs divers (détaillés s. Jal d'année cte)	id.	50,050 »
		77,750 »

(Voir Journal particulier, page 32, art. 7).

Et 2° **Journal d'année courante aux suivants :**

A Effets à payer solde de ce compte s. Jal d'année cte		10,000 »
A Marchandises générales	id.	31,850 »
A Créditeurs divers (dét^és s. Jal d'année cte)	id.	35,900 »
		77,750 »

(Voir Journal particulier, page 32, art. 8)

De l'Amortissement.

Je suppose ici que mon immeuble sis à Paris, rue Lafayette, doit subir au 28 février une dépréciation de 500 fr. comme amortissement. — Passer sur Journal particulier l'article suivant :

Profits et pertes à Immeuble :

Dépréciation comme amortissement (rue Lafayette, Paris), fr. 500 »

(Voir Journal particulier, page 32, art. 9).

(NOTA. — En faire autant pour tous les amortissements quand il y en a d'autres).

(1) Le compte Journal d'année courante se solde de lui-même. C'est là qu'est la clef de la méthode.

Du solde du compte Frais généraux pour clôturer les écritures

SUR JOURNAL PARTICULIER

Faire passer les Frais généraux en Pertes en passant sur Journal particulier un article comme suit :

Profits et pertes à Frais généraux :

Pour solde de mon compte Frais généraux. . . .	fr.	512 »

(*Voir Journal particulier, page 32, art.* 11).

Du solde des bénéfices donnés par Marchandises générales

APRÈS INVENTAIRE CLOS

Le dépouillement sur Grand Livre du Journal particulier étant fait au fur et à mesure des articles passés, on trouve au Crédit du compte Marchandises générales . .	fr.	31,850 »
L'Inventaire étant clos y ajouter son importance que je suppose ici être de . .	fr.	45,000 »
Ce qui donne un TOTAL de	fr.	76,850 »
Prendre alors sur Grand Livre du Journal particulier le montant du Débit au même compte qui est ici de	fr.	70,000 »
DIFFÉRENCE. . . .	fr.	6,850 »

Cette différence donne les bénéfices bruts faits sur la vente des marchandises, bénéfices qu'il faut faire passer par Profits et Pertes, en passant sur Journal particulier l'article suivant :

Marchandises générales à Profits et pertes :

Mes bénéfices bruts . . . . fr. 6,850 »

(Voir Journal particulier, page 32, art 10).

Du solde du compte Profits et Pertes

SUR JOURNAL PARTICULIER

Les articles qui précèdent ayant été dépouillés avec soin au fur et à mesure sur le Grand-Livre du Journal particulier, on arrive à trouver au Crédit du compte Profits et Pertes 6,850 »
Et à son Débit. . . . . . . fr. 2,392 »

DIFFÉRENCE . . . fr. 4,458 »

Cette différence représente les bénéfices nets dont il faut créditer le compte Capital qui sera augmenté d'autant en débitant le compte Profits et Pertes qui sera soldé. — Ce résultat est obtenu en passant sur Journal particulier l'article suivant :

Profits et pertes à Capital :

Pour solde du compte Profits et Pertes, soit mes bénéfices nets . . . . fr. 4,458 »

(Voir Journal particulier, page 33, art. 12).

Quand il y a perte c'est que le débit du compte Profits et Pertes est supérieur à son Crédit, alors l'article se passe en sens inverse (Capital à Profits et Pertes, fr......).

BALANCE DE VÉRIFICATION

DU GRAND LIVRE DE LA COMPTABILITÉ PARTICULIÈRE

Quand tous les articles ci-dessus sont dépouillés sur Grand-Livre, pour savoir si les chiffres relevés sont justes, il faut en faire la Balance en relevant les totaux sur Grand Livre ; lesquels totaux donneront un total général égal au Débit et au Crédit à celui du Journal particulier.

Les soldes Débiteurs et Créditeurs donneront, sur cette Balance, l'Actif et la Passif de la Maison.

BALANCE DE VÉRIFICATION DU GRAND-LIVRE DU JOURNAL PARTICULIER

ARRÊTÉE AU 28 FÉVRIER 1873 *(Article 12 inclus.)*

Nos des pages	Folios du Grand-Livre		DÉBIT	CRÉDIT	SOLDES DÉBITEURS représentant L'ACTIF	SOLDES CRÉDITEURS représentant LE PASSIF
36/37	1	Balance d'entrée. . .	208,500 »	208,500 »	»	»
»	2	Caisse	10,108 »	2,000 »	8,108 »	»
38/39	3	Effets à recevoir. . .	15,700 »	8,000 »	7,700 »	»
»	4	Marchandises général.	76,850 »	31,850 »	45,000 »	»
40/41	5	Faucher (m. beau-fr.)	10,000 »	10,000 »	»	»
»	6	Mobilier	8,500 »	»	8,500 »	»
42/43	7	Immeuble	60,000 »	500 »	59,500 »	»
»	8	Débiteurs divers. . .	100,050 »	50,000 »	50,050 »	»
44/45	9	Effets à payer. . . .	13,000 »	23,000 »	»	10,000 »
»	10	Ricard (m. command.)	22,000 »	22,000 »	»	»
46/47	11	Créditeurs divers . .	75,000 »	110,900 »	»	35,900 »
»	12	Capital	»	102,958 »	»	102,958 »
48/49	13	Frais généraux . . .	512 »	512 »	»	»
»	14	Journal d'ann. cour.	165,750 »	165,750 »	»	»
50/51	15	Norbert (mon prêt sur hypothèque) . . .	»	30,000 »	»	30,000 »
»	16	Profits et Pertes. . .	6,850 »	6,850 »	»	»
Totaux égaux à celui du Journal p^{lier}			772,820 »	772,820 »	178,858 »	178,858 »

Clôture définitive des écritures sur le Journal particulier.

1° Pour balancer tous les soldes débiteurs composant l'actif, les créditer tous par le débit du compte balance de sortie, en passant sur Journal particulier l'article ci-après :

Balance de sortie aux suivants :

A Caisse	pour solde	espèces en caisse .	8,108 »
A Effets à recevoir	id.	effets en portef. .	7,700 »
A March^ses^ générales	id.	en mag. suiv. inv.	45,000 »
A Mobilier	id.	valeur du mobilier.	8,500 »
A Immeuble	id.	valeur de l'immeub. rue Lafayette. .	59,500 »
A Débiteurs divers	id.	ce qu'ils me doivent	50,050 »
Total égal à celui de la colonne soldes débiteurs (*actif*) sur balance vérification (page 25)			178,858 »

(Voir Journal particulier, page 33, art. 13.)

2° Pour balancer tous les comptes créditeurs composant le passif, les débiter tous par le crédit du compte balance de sortie en passant l'article ci-après :

Les suivants à Balance de sortie :

Effets à payer	pour solde	effets restant à payer	10,000 »
Créditeurs divers	id.	ce que je leur dois .	35,900 »
Capital	id.	mon cap. net à ce jour	102,958 »
Norbert	id.	mon obl. sur hypoth.	30,000 »
Total égal à celui de la colonne soldes créditeurs (passif) sur balance de vérification (page 25) . . .			178,858 »

(Voir Journal particulier, page 33, art. 14.)

Et la comptabilité sur le Journal particulier est complètement soldée.

On peut juger d'après ce qui précède que cette comptabilité sur journal particulier est insignifiante comme temps à passer eu égard aux services qu'elle rend. — Tout négociant, qui aura mis ou fait mettre en pratique pendant un an cette manière de tenir ses livres n'en voudra plus d'autre.

Mise à nouveau des écritures après un inventaire

ET APRÈS AVOIR CLÔTURÉ LES LIVRES

SUR L'EXERCICE PRÉCÉDENT

Sur cette méthode j'ai clôturé les écritures après deux mois d'exercice *(Janvier et Février.)* — L'exercice suivant commence donc au 1er Mars.

Pour passer à nouveau les écritures, il suffit d'opérer comme on l'a fait dès le début de cette méthode *(1er Janvier)* en passant sur Journal particulier les quatre articles suivants :

1° Créditer le compte balance d'entrée et débiter tous les comptes débiteurs composant l'actif.

(Voir Journal particulier, page 33, art. 15)

2° Débiter le compte balance d'entrée et créditer tous les comptes créditeurs composant le passif.

(Voir Journal particulier, page 34, art. 16.)

3° Débiter le compte Journal d'année courante des comptes débiteurs qui l'intéressent en créditant ces mêmes comptes qui, par suite, se soldent sur le Journal particulier.

(Voir Journal particulier, page 34, art. 17.)

4° Créditer le compte Journal d'année courante des comptes créditeurs qui l'intéressent en débitant ces mêmes comptes qui, par suite, se soldent sur le Journal particulier.

(Voir Journal particulier, page 34, art. 18.)

SUR JOURNAL D'ANNÉE COURANTE

Le comptable procédera comme il l'a fait au début de l'année (1er *Janvier*) en débitant et créditant ses comptes débiteurs et créditeurs à nouveau par le crédit et le débit du compte Journal particulier. (*Voir page 61, art. 29 et 30.*)

Et les écritures continueront toute l'année comme par le passé.

Le négociant devra s'assurer par lui-même avant chaque inventaire et après chaque mise à nouveau des écritures si :

1° Le débit du compte Journal d'année courante sur le Grand-Livre du Journal particulier correspond au crédit du compte Journal particulier sur le Grand-Livre du Journal d'année courante

Et 2° Si le crédit du compte Journal d'année courante sur le Grand-Livre du Journal particulier correspond au débit du compte Journal particulier sur le Grand-Livre du Journal d'année courante.

Cela fait, le négociant aura la certitude que les deux comptabilités s'enchaînent comme il faut et pourra laisser reposer dans sa caisse ou dans ses archives particulières la comptabilité particulière jusqu'à l'inventaire suivant ou jusqu'à l'arrivée dans le courant de l'année d'un nouveau prêt, d'une nouvelle commandite ou d'un remboursement de prêt ou commandite antérieurs.

JOURNAL PARTICULIER

NOTA. — On fera bien de faire un brouillon du Journal particulier sur une feuille volante ; on évitera ainsi les ratures et corrections en perdant le temps insignifiant de la copie au net sur le Journal paraphé qui ne sera faite que quand on aura la certitude de ses chiffres, après écritures clôturées.

JOURNAL PARTICULIER

Nos des articles	GRAND LIVRE No de page	GRAND LIVRE No de folio	Texte du Journal particulier.		SOMMES.
1			Du 1er JANVIER 1873		
	37	1	**Les suivants à Balance d'Entrée (C),** ce qui suit composant mon Actif :		
	36	2	**Caisse (D)** espèces en Caisse	2,000 »	
	38	3	**Effets à recevoir (D)** effets en portefeuille	8,000 »	
	38	4	**Marchandises générales (D)** en magasin suivant inventaire . . .	70,000 »	
	40	5	**Faucher (D)** mon beau-frère, à lui prêté.	10,000 »	
	42	8	**Débiteurs divers (D)** (détaillés sur Journal d'année courante). . . .	50,000 »	
	40	6	**Mobilier (D)** sa valeur à ce jour . .	8,500 »	
	42	7	**Immeuble (D)** sa valeur à ce jour (rue Lafayette, Paris)	60,000 »	208,500 »
2			Du 1er JANVIER		
	36	1	**Balance d'Entrée (D) aux suivants,** ce qui suit composant mon Passif :		
	45	9	**A Effets à payer (C)** effets restant à payer	13,000 »	
	45	10	**A Ricard (C)** mon commanditaire. .	22,000 »	
	47	11	**A Créditeurs divers (C)** (détaillés sur Journal d'année courante). .	75,000 »	
	47	12	**A Capital (C)** net de ce que je possède à ce jour	98,500 »	208,500 »
			A REPORTER. . .		417,000 »

(C) et (D) Voir page 11 ce que signifient les **(C)** et **(D)** entre parenthèses.

Nos des articles	GRAND LIVRE No de page	GRAND LIVRE No de folio	Texte du Journal particulier.		SOMMES.
			REPORT. . .		417,000 »
3			Du 1er JANVIER		
	48	14	**Journal d'année courante (D) aux suivants,** pour permettre au Journal d'année courante de débiter les suivants :		
	37	2	**A Caisse** (C) pour solde des espèces en Caisse.	2,000 »	
	39	3	**A Effets à recevoir** (C) pour solde des effets en Portefeuille	8,000 »	
	43	8	**A Débiteurs divers** (C) pour solde (détaillés sur Journal d'année cte).	50,000 »	60,000 »
4			Du 1er JANVIER		
	49	14	**Les suivants à Journal d'année courante (C),** pour permettre au Journal d'année courante de créditer les suivants :		
	44	9	**Effets à payer** (D) soldes des effets restant à payer	13,000 »	
	46	11	**Créditeurs divers** (D) pour solde (détaillés sur Journal d'année cte).	75,000 »	88,000 »
			TOTAL au 31 Janvier 1873.		565,000 »
5			Du 3 FÉVRIER		
	51	15	**Les suivants à Norbert (C),** ce qui suit versés par lui en espèces et dont sont débités les suivants :		
	44	10	**Ricard** (D) ma remise espèces pour solde de sa commandite.	22,000 »	
	50	16	**Profits et Pertes** (D) un mois d'intérêts payés en espèces à Ricard. .	90 »	
	48	14	**Journal d'année courante** (D) versé en espèces dans la Caisse commle.	7,910 »	30,000 »
6			Du 15 FÉVRIER		
	48	14	**Journal d'année courante (D) à Faucher (C).**		
	41	5	Sa remise espèces pour solde de mon prêt . . .		10,000 »
			A REPORTER. . .		605,000 »

Nos des articles	GRAND LIVRE No de page	GRAND LIVRE No de folio	Texte du Journal particulier.	SOMMES.
			REPORT. . .	605,000 »
7			Du 28 FÉVRIER	
	49	14	**Les suivants à Journal d'année courante (C),**	
			pour solde de la Comptabilité d'année courante et faire rentrer les soldes Débiteurs dans la présente Comptabilité particulière :	
	48	14	**Journal d'année courante (D)** [1] pour solde de ce compte sur Journal d'année courante . . . . 10,090 »	
	36	2	**Caisse (D)** id. . 8,108 »	
	38	3	**Effets à recevoir (D)** id. . 7,700 »	
	42	8	**Débiteurs divers (D)** détaillés, id. . 50,050 »	
	48	13	**Frais généraux (D)** id. . 512 »	
	50	16	**Profits et Pertes (D)** id. . 1,290 »	77,750 »
8			Du 28 FÉVRIER	
	48	14	**Journal d'année courante (D) aux suivants,**	
			pour solde de la Comptabilité d'année courante et faire rentrer les soldes Créditeurs dans la présente Comptabilité particulière :	
	45	9	**A Effets à payer (C)** pour solde de ce compte s. Journal d'année cour^{te}. 10,000 »	
	47	11	**A Créditeurs divers (C)** détaillés, id. 35,900 »	
	39	4	**A Marchandises générales (C)**. . 31,850 »	77,750 »
9			Du 28 FÉVRIER	
	50	16	**Profits et Pertes (D) à Immeubles (C) :**	
	43	7	Dépréciation sur mon immeuble sis rue Lafayette, Paris	500 »
10			Du 28 FÉVRIER	
	38	4	**Marchandises génér^es (D) à Profits et Pertes (C)**	
	51	16	Mes bénéfices **bruts** sur marchandises vendues .	6,850 »
11			Du 28 FÉVRIER	
	50	16	**Profits et Pertes (D) à Frais généraux (C).**	
	49	13	Pour solde du compte Frais généraux	512 »
			A REPORTER. . .	768,362 »

[1] Le compte Journal d'année courante se solde de lui-même par lui-même sur les écritures du Journal particulier.

Nos des articles	GRAND LIVRE N° de page	GRAND LIVRE N° de folio	Texte du Journal particulier.	SOMMES.
			REPORT. . .	768,362 »
12			Du 28 FÉVRIER	
	50	16	**Profits et Pertes (D) à Capital (C).**	
	47	12	Pour solde du compte Profits et Pertes représentant mes bénéfices **nets**.	4,458 »
			TOTAL égal à celui de la Balance de vérification avant la clôture définitive des écritures par les deux articles qui suivent	772,820 »
13			Du 28 FÉVRIER	
	52	17	**Balance de Sortie (D) aux suivants :**	
	37	2	**A Caisse (C)** pour solde. . . 8,108 »	
	39	3	**A Effets à recevoir (C)** id. . . 7,700 »	
	39	4	**A Marchandises générales (C)** id. 45,000 »	
	41	6	**A Mobilier (C)** id. 8,500 »	
	43	7	**A Immeuble (C)** id. 59,500 »	
	43	8	**A Débiteurs divers (C)** id. 50,050 »	178,858 »
14			Du 28 FÉVRIER	
	53	17	**Les suivants à Balance de Sortie (C) :**	
	44	9	**Effets à payer (D)** pour solde . . 10,000 »	
	46	11	**Créditeurs divers (D)** id. . . . 35,900 »	
	46	12	**Capital (D)** pour solde (mon capital **net** à ce jour) . . . . 102,958 »	
	50	15	**Norbert (D)** pour solde. . . . . . 30,000 »	178,858 »
			TOTAL GÉNÉRAL après la clôture des écritures	1,130,536 »
			(A nouveau) 1873 MARS	
15			Du 1er MARS	
	37	1	**Les suivants à Balance d'Entrée (C),** ce qui suit composant mon Actif :	
	36	2	**Caisse (D)** espèces en Caisse . . . . 8,108 »	
	38	3	**Effets à recevoir (D)** effets en portefeuille . . . . 7,700 »	
	38	4	**Marchandises générales (D)** en magasin suivant inventaire . . . 45,000 »	
	40	6	**Mobilier (D)** sa valeur à ce jour . . 8,500 »	
	42	7	**Immeuble (D)** (rue Lafayette, à Paris) sa valeur à ce jour. . . . . 59,500 »	
	42	8	**Débiteurs divers (D)** (détaillés sur Journal d'année courante). . . . 50,050 »	178,858 »
			A REPORTER. . .	178,858 »

Nos des articles	GRAND LIVRE No de page	GRAND LIVRE No de folio	Texte du Journal particulier.		SOMMES.
			REPORT. . .		178,858 »
16			Du 1er MARS		
	36	1	**Balance d'Entrée (D) aux suivants,** ce qui suit composant mon Passif :		
	45	9	**A Effets à payer** (C) effets restant à payer	10,000 »	
	47	11	**A Créditeurs divers** (C) (détaillés sur Journal d'année courante) .	35,900 »	
	47	12	**A Capital** (C) net de ce que je possède à ce jour	102,958 »	
	51	15	**A Norbert** (C) son prêt sur hypothèque	30,000 »	178,858 »
17			Du 1er MARS		
	48	14	**Journal d'année courante (D) aux suivants:**		
	37	2	**A Caisse** (C) pour solde des espèces en caisse	8,108 »	
	39	3	**A Effets à recevoir** (C) pour solde des effets en Portefeuille	7,700 »	
	43	8	**A Débiteurs divers** (C) pour solde (dét. s. Journal d'année courante).	50,050 »	65,858 »
18			Du 1er MARS		
	49	14	**Les suivants à Journal d'année courante(C):**		
	44	9	**Effets à payer** (D) solde des effets restant à payer	10,000 »	
	46	11	**Créditeurs divers** (D) pour solde (dét. s. Journal d'année courante).	35,900 »	45,900 »

GRAND LIVRE

DU

JOURNAL PARTICULIER

RÉPERTOIRE

DÉBIT

Folio 1. **Balance d'entrée.**

DATES		DÉTAIL	Sur journal N° de la page	Sur journal N° de l'article	SOMMES
1873 janvier	1er	à Divers mon passif capital compris	30	2	208,500 »
mars	1er	à Divers mon passif capital compris	34	16	178,858 »

CRÉDIT

Balance d'entrée. Folio 1.

DATES		DÉTAIL	Sur journal N° de la page	Sur journal N° de l'article	SOMMES
1873 janvier	1er	par Divers mon actif . . .	30	1	208,500 »
mars	1er	par Divers mon actif . . .	33	15	178,858 »

DÉBIT

Folio 2. **Caisse.**

DATES		DÉTAIL	Sur journal N° de la page	Sur journal N° de l'article	SOMMES
1873 janvier	1er	à Balance d'entrée à nouveau, espèces en caisse à ce j.	30	1	2,000 »
février	28	à Journal d'année courante espèces en caisse à ce j.	32	7	8,108 »
					10,108 »
mars	1er	à Balance d'entrée à nouveau, espèces en caisse à ce j.	33	15	8,108 »

CRÉDIT

Caisse. Folio 2.

DATES		DÉTAIL	Sur journal N° de la page	Sur journal N° de l'article	SOMMES
1873 janvier	1er	par Journal d'année courante solde des espèces en caisse.	31	3	2,000 »
février	28	par Balance de sortie solde des espèces en caisse .	33	13	8,108 »
					10,108 »
mars	1er	par Journal d'année courante solde des espèces en caisse.	34	17	8,108 »

DÉBIT

FOLIO 3.

Effets à recevoir.

DATES		DÉTAIL	SUR JOURNAL N° de la page	SUR JOURNAL N° de l'article	SOMMES
1873 janvier	1er	à Balance d'entrée à nouveau effet en portef. à ce jour	30	1	8,000 »
février	28	à Journal d'année courante effets en portef. à ce j.	32	7	7,700 »
					15,700 »
mars	1er	à Balance d'entrée à nouveau effet en portef. à ce jour	33	15	7,700 »

DÉBIT

FOLIO 4.

Marchandises générales.

DATES		DÉTAIL	SUR JOURNAL N° de la page	SUR JOURNAL N° de l'article	SOMMES
1873 janvier	1er	à Balance d'entrée marchandises suiv. inv. à ce jour	30	1	70,000 »
février	28	à Profits et Pertes pour solde mes bénéfices bruts. .	32	10	6,850 »
					76,850 »
mars	1er	à Balance d'entrée marchandises suiv. inv. à ce jour	33	15	45,000 »

CRÉDIT

FOLIO 3.

Effets à recevoir.

DATES		DÉTAIL	SUR JOURNAL N° de la page	SUR JOURNAL N° de l'article	SOMMES
1873 janvier	1er	par Journal d'année courante solde des effets en portefeuille à ce jour. . .	31	3	8,000 »
		par Balance de sortie solde des effets en portefeuille à ce jour.	33	13	7,700 »
					15,700 »
mars	1er	par Journal d'année courante solde des effets en portefeuille à ce jour . .	31	17	7,700 »

CRÉDIT

FOLIO 4.

Marchandises générales.

DATES		DÉTAIL	SUR JOURNAL N° de la page	SUR JOURNAL N° de l'article	SOMMES
1873 février	28	par Journal d'année courante pour solde de ce compte.	32	8	31,850 »
		par Balance de sortie marchandises suivant invent. à ce jour.	33	13	45,000 »
					76,850 »

DÉBIT

Folio 5. **Faucher** (Mon Beau-Frère)

DATES		DÉTAIL	Sur journal N° de la page	N° de l'article	SOMMES
1873 janvier	1er	à Balance d'entrée qu'il me doit à ce jour	30	1	10,000 »

Faucher (Mon Beau-Frère)

CRÉDIT

Folio 5.

DATES		DÉTAIL	Sur journal N° de la page	N° de l'article	SOMMES
1873 février	15	par Journal d'année courante sur remise espèces pour solde.	31	6	10,000 »

DÉBIT

Folio 6. **Mobilier.**

DATES		DÉTAIL	Sur journal N° de la page	N° de l'article	SOMMES
1873 janvier	1er	à Balance d'entrée mobilier suivant invent. à ce jour	30	1	8,500 »
mars	1er	à Balance d'entrée sa valeur à ce jour.	33	15	8,500 »

Mobilier.

CRÉDIT

Folio 6.

DATES		DÉTAIL	Sur journal N° de la page	N° de l'article	SOMMES
1873 février	28	par Balance de sortie mobilier suivant inventaire à ce jour	33	13	8,500 »

DÉBIT

FOLIO 7. **Immeuble** (RUE LAFAYETTE)

DATES		DÉTAIL	SUR JOURNAL N° de la page	SUR JOURNAL N° de l'article	SOMMES
1873 janvier	1er	à Balance d'entrée valeur de mon immeuble à ce jour.	30	1	60,000 »
mars	1er	à Balance d'entrée valeur de mon immeuble à ce jour.	33	15	59,500 »

CRÉDIT

Immeuble (RUE LAFAYETTE) FOLIO 7.

DATES		DÉTAIL	SUR JOURNAL N° de la page	SUR JOURNAL N° de l'article	SOMMES
1873 février	28	par Profits et pertes dépréciation à ce jour	32	9	500 »
»	28	par Balance de sortie valeur de mon immeuble à ce jour . . .	33	13	59,500 »
					60,000 »

DÉBIT

FOLIO 8. **Débiteurs divers** (DÉTAILLÉS SUR JOURNAL D'ANNÉE COURANTE)

DATES		DÉTAIL	SUR JOURNAL N° de la page	SUR JOURNAL N° de l'article	SOMMES
1873 janvier	1er	à Balance d'entrée ce qu'ils me doivent	30	1	50,000 »
février	28	à Journal d'année courante ce qu'ils me doivent à ce jour.	32	7	50,050 »
					100,050 »
mars	1er	à Balance d'entrée ce qu'ils me doivent	33	15	50,050 »

CRÉDIT

Débiteurs divers (DÉTAILLÉS SUR JOURNAL D'ANNÉE COURANTE) FOLIO 8.

DATES		DÉTAIL	SUR JOURNAL N° de la page	SUR JOURNAL N° de l'article	SOMMES
1873 janvier	1er	par Journal d'année courante pour lui permettre de débiter un à un tous les débiteurs divers	31	3	50,000 »
février	28	par Balance de sortie pour solde de ce qu'ils me doivent à ce jour	33	13	50,050 »
					100,050 »
mars	1er	par Journal d'année courante pour lui permettre de débiter un à un tous les débiteurs divers	34	17	50,050 »

DÉBIT — Folio 9. — **Effets à payer.**

DATES		DÉTAIL	Sur journal N° de la page	Sur journal N° de l'article	SOMMES
1873 janvier	1er	à Journal d'année courante pour solde des effets restant à payer à ce jour	31	4	13,000 »
février	28	à Balance de sortie pour solde des effets restant à payer à ce jour	33	14	10,000 »
					23,000 »
mars	1er	à Journal d'année courante pour solde des effets restant à payer à ce jour	34	18	10,000 »

CRÉDIT — Folio 9. — **Effets à payer.**

DATES		DÉTAIL	Sur journal N° de la page	Sur journal N° de l'article	SOMMES
1873 janvier	1er	par Balance d'entrée à nouveau effets restant à payer à ce jour .	30	2	13,000 »
février	28	par Journal d'année courante à nouveau effets restant à payer à ce jour	32	8	10,000 »
					23,000 »
mars	1er	par Balance d'entrée à nouveau effets restant à payer à ce jour .	34	16	10,000 »

DÉBIT — Folio 10. — **Ricard** (Mon Commanditaire)

DATES		DÉTAIL	Sur journal N° de la page	Sur journal N° de l'article	SOMMES
1873 février	3	à Norbert sa remise espèces (solde de la commandite) . . .	31	5	22,000 »

CRÉDIT — Folio 10. — **Ricard** (Mon Commanditaire)

DATES		DÉTAIL	Sur journal N° de la page	Sur journal N° de l'article	SOMMES
1873 janvier	1er	par Balance d'entrée à nouveau (la commandite que je lui dois). .	30	2	22,000 »

DÉBIT

FOLIO 11. **Créditeurs divers** (DÉTAILLÉS SUR JOURNAL D'ANNÉE COURANTE)

DATES		DÉTAIL	SUR JOURNAL No de la page	SUR JOURNAL No de l'article	SOMMES
1873 janvier	1er	à Journal d'année courante pour lui permettre de créditer sur ses écritures un à un tous les créditeurs divers.	31	4	75,000 »
février	28	à Balance de sortie pour solde	33	14	35,900 »
					110,900 »
mars	1er	à Journal d'année courante pour lui permettre de créditer sur ses écritures un à un tous les créditeurs divers.	34	18	35,900 »

CRÉDIT

Créditeurs divers (DÉTAILLÉS SUR JOURNAL D'ANNÉE COURANTE) FOLIO 11.

DATES		DÉTAIL	SUR JOURNAL No de la page	SUR JOURNAL No de l'article	SOMMES
1873 janvier	1er	par Balance d'entrée à nouveau ce que je leur dois à ce jour.	30	2	75,000 »
février	28	par Journal d'année courante ce que je leur dois à ce jour	32	8	35,900 »
					110,900 »
mars	1er	par Balance d'entrée à nouveau ce que je leur dois à ce jour.	34	16	35,900 »

DÉBIT

FOLIO 12. **Capital.**

DATES		DÉTAIL	SUR JOURNAL No de la page	SUR JOURNAL No de l'article	SOMMES
1873 février	28	à Balance de sortie solde représentant mon capital net à ce jour	33	14	102,958 »

CRÉDIT

Capital. FOLIO 12.

DATES		DÉTAIL	SUR JOURNAL No de la page	SUR JOURNAL No de l'article	SOMMES
1873 janvier	1er	par Balance d'entrée mon capital net à ce jour.	30	2	98,500 »
février	28	par Profits et Pertes mes bénéfices nets jusqu'à ce jour . .	33	12	4,458 »
					102,958 »
mars	1er	par Balance d'entrée mon capital net à ce jour	34	16	102,958 »

DÉBIT

Folio 13.

Frais généraux.

DATES		DÉTAIL	Sur journal: N° de la page	Sur journal: N° de l'article	SOMMES
1873 février	28	à Journal d'année courante frais généraux jusqu'à ce jour. .	32	7	512 »

DÉBIT

Folio 14.

Journal d'année courante.

DATES		DÉTAIL	Sur journal: N° de la page	Sur journal: N° de l'article	SOMMES
1873 janvier	1er	à **Caisse** solde des espèces en caisse à ce jour . . . . (Débiteurs à nouveau sur Journal d'année courante)	31	3	2,000 »
	»	à **effets à recevoir** solde des effets en portefeuille à ce jour. . .	»	»	8,000 »
	»	à **Débiteurs divers** solde de ce qu'ils me doivent à ce jour. .	»	»	50,000 »
					60,000 »
février	3	à **Norbert** sa remise espèces	31	5	7,910 »
	»	à **Faucher** id.	31	6	10,000 »
	28	à **Journal d'année courante**[1] pour solde.	32	7	10,090 »
					88,000 »
	28	à **Divers** tous les soldes Créditeurs sur Journal d'année courante.	32	8	77,750 »
					165,750 »
mars	1er	à **Divers** tous les soldes débiteurs à nouveau sur Journal d'année courante . .	34	17	65,858 »

[1] Le compte Journal d'année courante se solde de lui-même par lui-même, c'est là qu'est la clef de la méthode.

CRÉDIT

Folio 13.

Frais généraux.

DATES		DÉTAIL	Sur journal: N° de la page	Sur journal: N° de l'article	SOMMES
1873 février.	28	par Profits et Pertes pour solde du présent compte	32	11	512 »

CRÉDIT

Folio 14.

Journal d'année courante.

DATES		DÉTAIL	Sur journal: N° de la page	Sur journal: N° de l'article	SOMMES
1873 janvier	1er	par **Effets à payer** effets restant à payer à ce jour. . . . . . (Créditeurs à nouveau sur Journal d'année courante.)	31	4	13,000 »
		par **Créditeurs divers** que je leur dois à ce jour.	»	»	75,000 »
					88,000 »
février	28	par **divers** tous les soldes débiteurs sur Journal d'année courante.	32	7	77,750 »
					165,750 »
mars	1er	par **divers** tous les créditeurs à nouveau sur Journal d'année courante.	34	18	45,900 »

DÉBIT — FOLIO 15.

Norbert (MON CRÉANCIER SUR HYPOTHÈQUE)

DATES		DÉTAIL	SUR JOURNAL N° de la page	SUR JOURNAL N° de l'article	SOMMES
1873 février	28	à Balance de sortie pour solde.	33	14	30,000 »

CRÉDIT — FOLIO 15.

Norbert (MON CRÉANCIER SUR HYPOTHÈQUE)

DATES		DÉTAIL	SUR JOURNAL N° de la page	SUR JOURNAL N° de l'article	SOMMES
1873 février	3	par Divers à eux remis en espèces	31	5	30,000 »
mars	1er	par Balance d'entrée son prêt sur hypothèque	34	16	30,000 »

DÉBIT — FOLIO 16.

Profits & Pertes.

DATES		DÉTAIL	SUR JOURNAL N° de la page	SUR JOURNAL N° de l'article	SOMMES
1873 février	3	à Norbert sa remise espèces (intérêts payés à Ricard.	31	5	90 »
	28	à Journal d'année courante solde Débiteur du compte Profits et Pertes s. Journal d'année courte.	32	7	1,290 »
	»	à Immeuble amortissement . .	32	9	500 »
	»	à Frais généraux pour solde de ce compte.	32	11	512 »
	»	à Capital pour solde représentant mes bénéfices nets	33	12	4,458 »
					6,850 »

CRÉDIT — FOLIO 16.

Profits & Pertes.

DATES		DÉTAIL	SUR JOURNAL N° de la page	SUR JOURNAL N° de l'article	SOMMES
1873 février	28	par Marchandises générales mes bénéfices bruts	32	10	6,850 »
					6,850 »

DÉBIT

FOLIO 17.

Balance de Sortie.

DATES		DÉTAIL	SUR JOURNAL N° de la page	SUR JOURNAL N° de l'article	SOMMES
1873 février	28	à **March**ses **génér.** en magasin suivant inventaire	33	13	45,000 »
»	»	à **Caisse** espèces en caisse . . .	»	»	8,108 »
»	»	à **Effets à recevoir** effets en portefeuille	»	»	7,700 »
»	»	à **Mobilier** sa valeur à ce jour. .	»	»	8,500 »
»	»	à **Immeuble** sa valeur à ce jour	»	»	59,500 »
»	»	à **Débiteurs divers** ce qu'ils me doivent à ce jour	»	»	50,050 »
					178,858 »

CRÉDIT

Balance de Sortie.

FOLIO 17.

DATES		DÉTAIL	SUR JOURNAL N° de la page	SUR JOURNAL N° de l'article	SOMMES
1873 février	28	par **Effets à payer** effets restant à payer à ce jour	33	14	10,000 »
»	»	par **Créditeurs divers** ce que je leur dois à ce jour.	»	»	35,900 »
»	»	par **Norbert** ce que je lui dois à ce jour	»	»	30,000 »
»	»	par **Capital** net de ce que je possède à ce jour.	»	»	102,958 »
					178,858 »

JOURNAL D'ANNÉE COURANTE

NOTA. — Il n'est pas nécessaire d'employer de nouveaux livres pour créer la comptabilité suivant cette méthode. — Une simple annotation mise sur le Journal d'année courante (Gros Journal), renvoyant au Journal particulier pour le début des écritures, suffit.

Nos des articles	GRAND LIVRE No de page	GRAND LIVRE No de folio	Texte du Journal d'année courante.			SOMMES.
1			Du 1er JANVIER 1873			
	65	1	**Les suivants à Journal particulier :**			
	66	2	**Caisse** espèces en Caisse à nouveau.		2,000 »	
	68	4	**Effets à rec.** effets en portef. id.		8,000 »	
	Débiteurs divers 72	8	**Durand** ce qu'il me doit à nouveau.	4,000 »		
	74	9	**Derache** id.	7,000 »		
	74	10	**Derode** id.	8,000 »		
	76	11	**Deswarde** id.	3,000 »		
	»	12	**Destailleurs** id.	2,500 »		
	78	13	**Desfontaines** id.	6,000 »		
	»	14	**Dutilleul** id.	18,000 »		
	80	15	**Doutreligne** id.	1,500 »	50,000 »	60,000 »
2			Du 1er JANVIER			
	64	1	**Journal particulier aux suivants :**			
	71	5	**A Effets à payer** Effets restant à payer à nouveau		13,000 »	
	Créditeurs div. 81	16	**A Cordier** que je lui dois à nouveau.	23,000		
	83	17	**A Cornu** id.	7,000		
	»	18	**A Carmin,** banq. id.	29,000		
	85	19	**A Carrette** id.	8,000		
	»	20	**A Cornillot** id.	8,000	75,000 »	88,000 »
3			Du 2 JANVIER			
	68	3	**Marchandises générales aux suivants :**			
	85	19	**A Carrette** sa facture.		2,500 »	
	81	16	**A Cordier** id.		1,700 »	4,200 »
4			Du 4 JANVIER			
	69	3	**Les suivants à Marchandises générales :**			
	74	9	**Derache** ma facture.		350 »	
	76	11	**Deswarde** id.		1,500 »	1,850 »
5			Du 6 JANVIER			
	70	6	**Frais généraux à Caisse :**			
	67	2	Paiement note papier d'emballage.			70 »
			A reporter. . .			154,120 »

Nos des articles	GRAND LIVRE No de page	GRAND LIVRE No de folio	Texte du Journal d'année courante.	SOMMES.
			Report. . .	154,120 »
6			Du 8 JANVIER	
	67	2	**Les suivants à Caisse :**	
	84	19	**Carrette** ma remise espèces à valoir. 500 »	
	82	17	**Cornu** id. id. . 1,000 »	1,500 »
7			Du 10 JANVIER	
	69	4	**Les suivants à Effets à Recevoir :**	
	82	18	**Carmin** ma remise 1 effet 10 févr.(1) . 1,300 »	
	80	16	**Cordier** id. id. 31 mars. . 6,000 »	7,300 »
8			Du 12 JANVIER	
	70	5	**Effets à payer (1) à Caisse :**	
	67	2	Payé mon billet Carrette	2,000 »
9			Du 13 JANVIER	
	72	8	**Durand à Marchandises Générales :**	
	69	3	Ma facture	2,500 »
10			Du 14 JANVIER	
	75	9	**Les suivants à Derache**	
			Réglement de mes factures au 31 décembre :	
	68	4	**Effets à recevoir** sa remise 31 cour. 3,000 »	
	66	2	**Caisse** id. espèces. 3,650 »	
	72	7	**Profits et Pertes** escompte 5 %. . . 350 »	7,000 »
11			Du 15 JANVIER	
	75	10	**Les suivants à Derode**	
			Réglement de mes factures au 31 décembre :	
	68	4	**Eff. à recev.** sur rem. 15 fév. 3,000 »	
	»	»	id. id. 31 mars 4,000 » 7,000 »	
	66	2	**Caisse** id. espèces . . . . 200 »	
	72	7	**Profits et Pertes** escompte 10 %. . 800 »	8,000 »
			A reporter. . .	182,420 »

(1) Les effets à recevoir et ceux à payer prennent des numéros d'ordre que je n'indique pas ici pour ne pas avoir à publier les livres auxiliaires.

Nos des articles	GRAND LIVRE No de page	GRAND LIVRE No de folio	Texte du Journal d'année courante.		SOMMES.
			Report. . .		182,420 »
12			Du 17 JANVIER		
	68	4	**Effets à recevoir à Deffontaines** à valoir en compte :		
	79	13	Sa remise 1 effet 31 janvier		3,000 »
13			Du 20 JANVIER		
	82	18	**Carmin à Effets à recevoir :**		
	69	4	Ma remise 1 effet 31 courant.	3,000 »	
	»	»	id. id. 15 février	3,000 »	
	»	»	id. id. 31 mars	4,000 »	10,000 »
14			Du 22 JANVIER		
	84	19	**Carrette aux suivants :** (à valoir en compte)		
	69	4	**A Effets à recevoir** ma remise 1 effet 31 courant	3,000 »	
	67	2	**A Caisse** ma remise espèces.	1,500 »	4,500 »
15			Du 25 JANVIER		
	66	2	**Caisse à Carmin :**		
	83	18	Sa remise espèces.		8,000 »
16			Du 25 JANVIER		
	67	2	**Les suivants à Caisse :**		
	84	20	**Cornillot** ma remise espèces (à valoir)	4,200 »	
	82	17	**Cornu** id. id.	3,000 »	7,200 »
17			Du 28 JANVIER		
	70	6	**Frais Généraux à Caisse :**		
	67	2	Payé note frais de bureau.		42 »
			A reporter. . .		215,162 »

Nos des articles	GRAND LIVRE No de page	GRAND LIVRE No de folio	Texte du Journal d'année courante.	SOMMES.
			Report. . .	215,162 »
18			Du 31 JANVIER	
	67	2	**Les suivants à Caisse :**	
	70	5	**Effets à payer** ma remise espèces contre mon billet ordre Cornillot. . 1,000 »	
	70	6	**Frais Généraux** appoint. d'employés 200 »	1,200 »
			TOTAL EGAL à ceux de la Balance de vérificaton	216,362 »
19			Du 3 FÉVRIER	
	66	2	**Caisse à Journal Particulier :**	
	65	1	Sa remise espèces.	7,910 »
20			Du 6 FÉVRIER	
	69	3	**Les suivants à Marchandises :**	
	76	12	**Destailleurs** ma facture. . . . . . 13,200 »	
	78	14	**Dutilleul** id. . . . . . 4,800 »	18,000 »
21			Du 7 FÉVRIER	
	84	20	**Cornillot aux suivants :**	
	67	2	**A Caisse** ma remise espèces pour solde 3,400 »	
	73	7	**A profits et Pertes** escompte 5 °/o . 400 »	3,800 »
22			Du 12 FÉVRIER	
	79	14	**Les suivants à Dutilleul**	
			Réglement de mes factures au 31 décembre :	
	68	4	**Effets à recevoir** sa remise 1 effet 25 court. 8,000 » / Id. 15 mars. 7,000 » } 15,000 »	
	66	2	**Caisse** sa remise espèces. . . . . 2,460 »	
	72	7	**Profits et Pertes** escompte 3 °/o . 540 »	18,000 »
23			Du 15 FÉVRIER	
	66	2	**Caisse à Journal particulier**	
	65	1	Sa remise espèces.	10,000 »
			A reporter. . .	274,072 »

Nos des articles	GRAND LIVRE No de page	GRAND LIVRE No de folio	Texte du Journal d'année courante.	SOMMES.
			Report. . .	274,072 »
24			Du 18 FÉVRIER	
	80	16	**Cordier aux suivants,**	
			pour solde de ses factures au 31 décembre :	
	67	2	**A Caisse** ma remise espèces. . . 9,000 »	
	69	4	**A Effets à recevoir** ma remise 1 effet 25 courant. . . . . 8,000 »	17,000 »
25			Du 25 FÉVRIER	
	74	10	**Derode à Marchandises générales**	
	69	3	Ma facture.	13,700 »
26			Du 28 FÉVRIER	
	70	6	**Frais généraux à Caisse :**	
	67	2	Payé appointements d'employés.	200 »
			TOTAL égal à ceux de la Balance de vérificat^on^	304,972 »
27			Du 28 FÉVRIER	
	64	1	**Journal particulier aux suivants :**	
	65	1	**A Journal particulier** (1) pour solde. 10,090 »	
	67	2	**A Caisse** id. . 8,108 »	
	69	4	**A Effets à recevoir** id. . 7,700 »	
Débiteurs divers	73	8	**A Durand** pour solde ... 6,500 »	
Débiteurs divers	75	9	**A Derache** id. ... 350 »	
Débiteurs divers	»	10	**A Derode** id. ... 13,700 »	
Débiteurs divers	77	11	**A Deswarde** id. ... 4,500 »	
Débiteurs divers	»	12	**A Destailleurs** id. ... 15,700 »	
Débiteurs divers	79	13	**A Desfontaines** id. ... 3,000 »	
Débiteurs divers	»	14	**A Dutilleul** id. ... 4,800 »	
Débiteurs divers	81	15	**A Doutreligne** id. ... 1,500 » 50,050 »	
	71	6	**A Frais généraux** pour solde. . . 512 »	
	73	7	**A Profits et Pertes** id. . . . 1,290 »	77,750 »
			A reporter. . .	382,722 »

(1) Le compte Journal particulier se solde de lui-même par lui-même.

Nos des articles	GRAND LIVRE — No de page	GRAND LIVRE — No de folio	Texte du Journal d'année courante.			SOMMES.
			Report. . .			382,722 »
28			Du 28 FÉVRIER			
	65	1	**Les suivants à Journal particulier :**			
	70	5	**Effets à payer** pour solde. . . .		10,000 »	
	Créd. div. 80	16	**Cordier** pour solde......	1,700 »		
	82	17	**Cornu** id.	3,000 »		
	»	18	**Carmin** id.	25,700 »		
	84	19	**Carrette** id.	5,500 »	35,900 »	77,750 »
	68	3	**Marchandises générales** pr solde.		31,850 »	
			TOTAL GÉNÉRAL. . .			460,472 »
			(**A nouveau**) **MARS 1873**			
29			Du 1er MARS			
	65	1	**Les suivants à Journal particulier :**			
	66	2	**Caisse** à nouveau espèces en Caisse.		8,108 »	
	68	4	**Effets à recevoir** id. effets en port.		7,700 »	
	Débiteurs divers 72	8	**Durand** à nouveau.....	6,500 »		
	74	9	**Derache** id.	350 »		
	»	10	**Derode** id.	13,600 »		
	76	11	**Deswarde** id.	4,500 »		
	»	12	**Destailleurs** id.	15,600 »		
	78	13	**Desfontaines** id.	3,000 »		
	»	14	**Dutilleul** id.	4,800 »		65,858 »
	80	15	**Doutreligne** id.	1,500 »	50,050 »	
30			Du 1er MARS			
	64	1	**Journal particulier aux suivants :**			
	71	5	**A Effets à payer** à nouveau effets restant à payer.		10,000 »	
	Crédit. div. 81	16	**A Cordier** à nouveau que je lui dois	1,700 »		
	83	17	**A Cornu** id.	3,000 »		45,900 »
	83	18	**A Carmin** id.	25,700 »		
	85	19	**A Carrette** id.	5,500 »	35,900 »	

GRAND LIVRE

DU

JOURNAL D'ANNÉE COURANTE

RÉPERTOIRE

DÉBIT

FOLIO 1.

Journal particulier

DATES		DÉTAIL	SUR JOURNAL N° de la page	SUR JOURNAL N° de l'article	SOMMES
1873 janvier	1er	à Effets à payer effets restant à payer à ce jour	56	2	13,000 »
»	»	à Créditeurs divers ce que je leur dois à ce jour	56	2	75,000 »
					88,000 »
février	28	à Divers tous les soldes débiteurs	60	27	77,750 »
					165,750 »
mars	1er	à Effets à payer effets restant à ce jour.	61	30	10,000 »
»	»	à Créditeurs divers que je leur dois à ce jour	»	»	35,900 »

CRÉDIT

FOLIO 1.

Journal particulier

DATES		DÉTAIL	SUR JOURNAL N° de la page	SUR JOURNAL N° de l'article	SOMMES
1873 janvier	1er	par Caisse espèces en caisse à ce jr	56	1	2,000 »
	»	par Effets à recevoir effets en portefeuille à jour	»	»	8,000 »
	»	par Débiteurs divers ce qu'ils me doivent à ce jour.	»	»	50,000 »
					60,000 »
février	3	par Caisse qu'elle a reçu en espèces du Journal particulier .	59	19	7,910 »
	15	par Caisse qu'elle a reçu en espèces du Journal particulier . .	»	23	10,000 »
					77,910 »
février	28	par Journal particulier (1) pour solde.	60	27	10,090 »
	28	par Divers tous les soldes créditrs	61	28	77,750 »
					165,750 »
mars	1er	par Caisse espèces en caisse à ce jr	61	29	8,108 »
	»	par Effets à recevoir effets en portefeuille à ce jour.	»	»	7,700 »
	»	par Débiteurs divers ce qu'ils me doivent à ce jour.	»	»	50,050 »

(1) Le compte Journal particulier se solde de lui-même par lui-même, c'est là qu'est la clef de la méthode.

DÉBIT

Folio 2.

Caisse

DATES		DÉTAIL	SUR JOURNAL N° de la page	SUR JOURNAL N° de l'article	SOMMES
1873 janvier	1er	à **Journal particulier** à nouveau espèces en caisse à ce jour.	56	1	2,000 »
»	14	à **Derache** sa remise espèces.	57	10	3,650 »
»	15	à **Derode** sa remise espèces.	»	11	200 »
»	25	à **Carmin** sa remise espèces.	58	15	8,000 »
					13,850 »
février	3	à **Journal particulier** sa remise espèces.	59	19	7,910 »
»	15	à **Dutilleul** sa remise espèces.	»	22	2,460 »
»	15	à **Journal particulier** sa remise espèces.	»	23	10,000 »
					34,220 »
mars	1er	à **Journal particulier** à nouveau espèces en caisse à ce jour.	61	29	8,108 »

CRÉDIT

Folio 2.

Caisse

DATES		DÉTAIL	SUR JOURNAL N° de la page	SUR JOURNAL N° de l'article	SOMMES
1873 Janvier	4	par **Frais généraux** paiement note papier.	56	5	70 »
»	8	par **Carrette** ma remise espèces	57	6	500 »
»	»	par **Cornu** id.	»	»	1,000 »
»	12	par **Effets à payer** espèces contre mon billet ordre Carrette.	»	8	2,000 »
»	22	par **Carretto** ma remise espèces	58	14	1,500 »
»	25	par **Cornillot** id.	»	16	4,200 »
»	»	par **Cornu** id.	»	»	3,000 »
»	28	par **Frais généraux** payé note frais de bureau.	»	17	42 »
»	31	par **Effets à payor** espèces contre mon billet ordre Cornillot	59	18	1,000 »
»	»	par **Frais généraux** appointements d'employés.	»	»	200 »
					13,512 »
février	9	par **Cornillot** ma remise espèces	59	21	3,400 »
»	18	par **Cordier** id.	60	24	9,000 »
»	28	par **Frais généraux** appointements d'employés.	»	26	200 »
					26,112 »
	28	par **Journal partic.** pour solde	60	27	8,108 »
					34,220 »

DÉBIT

FOLIO 3. **Marchandises Générales**

DATES		DÉTAIL	SUR JOURNAL N° de la page	SUR JOURNAL N° de l'article	SOMMES
1873					
janvier	2	à Divers leurs factures	56	3	4,200 »
février	28	à Journal particul. pour solde	61	28	31,850 »
					36,050 »

DÉBIT

FOLIO 4. **Effets à Recevoir**

DATES		DÉTAIL	SUR JOURNAL N° de la page	SUR JOURNAL N° de l'article	SOMMES
1873					
janvier	1er	à Journal particulier à nouveau effets en portefeuille à ce jour	56	1	8,000 »
»	14	à Derache sa remise 1 effet . . .	57	10	3,000 »
»	15	à Derode id. 2 id. . . .	»	11	7,000 »
»	17	à Deffontaines id. 1 id. . . .	58	12	3,000 »
					21,000 »
février	12	à Dutilleul sa remise 2 effets . . .	59	22	15,000 »
					36,000 »
mars	1er	à Journal particulier à nouveau effets en portefeuille à ce jour	61	29	7,700 »

CRÉDIT

Marchandises Générales FOLIO 3.

DATES		DÉTAIL	SUR JOURNAL N° de la page	SUR JOURNAL N° de l'article	SOMMES
1873					
janvier	2	par Divers mes factures . . .	56	4	1,850 »
	13	par Durand ma facture . . .	57	9	2,500 »
					4,350 »
février	6	par Divers mes factures. . .	59	20	18,000 »
	25	par Derode ma facture . . .	60	25	13,700 »
					36,050 »

CRÉDIT

Effets à Recevoir FOLIO 4.

DATES		DÉTAIL	SUR JOURNAL N° de la page	SUR JOURNAL N° de l'article	SOMMES
1873					
janvier	10	par Carmin ma remise 1 effet .	57	7	1,300 »
	»	par Cordier id. 1 id. .	»	»	6,000 »
	20	par Carmin id. 3 id. .	58	13	10,000 »
	22	par Carrette id. 1 id. .	58	14	3,000 »
					20,300 »
février	18	par Cordier ma remise 1 effet .	60	24	8,000 »
					28,300 »
»	28	par Journal particul. p. solde	60	27	7,700 »
					36,000 »

DÉBIT

Folio 5. **Effets à payer**

DATES		DÉTAIL	Sur journal N° de la page	Sur journal N° de l'article	SOMMES
1873 janvier	12	à Caisse ma remise espèces contre mon billet ordre Carrette .	57	8	2,000 »
	31	à Caisse ma remise espèces contre mon billet ordre Cornillot. .	59	18	1,000 »
					3,000 »
février	28	à Journal particul. pour solde	61	28	10,000 »
					13,000 »

CRÉDIT

Effets à payer. Folio 5.

DATES		DÉTAIL	Sur journal N° de la page	Sur journal N° de l'article	SOMMES
1873 janvier	1er	par Journal particulier à nouveau effets restant à payer à ce jour.	56	2	13,000 »
					13,000 »
mars	1er	par Journal particulier à nouveau effets restant à payer à ce jour.	61	30	10,000 »

DÉBIT

Folio 6. **Frais Généraux**

DATES		DÉTAIL	Sur journal N° de la page	Sur journal N° de l'article	SOMMES
1873 janvier	6	à Caisse payé note papier. . .	56	5	70 »
	28	à Caisse id. frais de bur.	58	17	42 »
	31	à Caisse appointements d'empl.	59	18	200 »
					312 »
février	28	à Caisse appointements d'empl.	60	26	200 »
					512 »

CRÉDIT

Frais généraux. Folio 6.

DATES		DÉTAIL	Sur journal N° de la page	Sur journal N° de l'article	SOMMES
1873 février	28	par Journal particulier pour solde.	60	27	512 »
					512 »

DÉBIT

FOLIO 7.

Profits et Pertes.

DATES		DÉTAIL	SUR JOURNAL N° de la page	SUR JOURNAL N° de l'article	SOMMES
1872 janvier	14	à Derache escompte 5 °/。. . .	57	10	350 »
	15	à Derode id. 10 °/。. . .	»	11	800 »
					1,150 »
février	12	à Dutilleul id. 3 °/。. . .	59	22	540 »
					1,690 »

DÉBIT

FOLIO 8.

Durand.

DATES		DÉTAIL	SUR JOURNAL N° de la page	SUR JOURNAL N° de l'article	SOMMES
1873 janvier	1er	à Journal particulier à nouveau.	56	1	4,000 »
	13	à Marchandises générales ma facture	57	9	2,500 »
					6,500 »
mars	1er	à Journal particulier à nouveau.	61	29	6,500 »

CRÉDIT

FOLIO 7.

Profits et Pertes.

DATES		DÉTAIL	SUR JOURNAL N° de la page	SUR JOURNAL N° de l'article	SOMMES
1872 février	9	par Cornillot escompte 5 °/。. .	59	21	400 »
	28	par Journal particulier pour solde.	60	27	1290 »
					1,690 »

CRÉDIT

FOLIO 8.

Durand.

DATES		DÉTAIL	SUR JOURNAL N° de la page	SUR JOURNAL N° de l'article	SOMMES
1873 février	28	par Journal particulier pour solde.	60	27	6,500 »
					6,500 »

DÉBIT

FOLIO 9.

Derache.

DATES		DÉTAIL	SUR JOURNAL N° de la page	SUR JOURNAL N° de l'article	SOMMES
1873 janvier	1er	à Journal particulier à nouveau.	56	1	7,000 »
	4	à Marchandises générales ma facture	»	4	350 »
					7,350 »
mars	1er	à Journal particulier à nouveau.	61	29	350 »

DÉBIT

FOLIO 10.

Derode.

DATES		DÉTAIL	SUR JOURNAL N° de la page	SUR JOURNAL N° de l'article	SOMMES
1873 janvier	1er	à Journal particulier à nouveau.	56	1	8,000 »
février	25	à Marchandises générales ma facture	60	25	13,700 »
					21,700 »
mars	1er	à Journal particulier à nouveau.	61	29	13,700 »

CRÉDIT

FOLIO 9.

Derache.

DATES		DÉTAIL	SUR JOURNAL N° de la page	SUR JOURNAL N° de l'article	SOMMES
1873 janvier	14	par Effets à recevoir sa remise un effet 31 courant.	57	10	3,000 »
		par Caisse sa remise espèces. .	»	»	3,650 »
		par Profits et pertes escte 5 %.	»	»	350 »
					7,000 »
février	28	par Journal particul. p. solde	60	27	350 »
					7,350 »

CRÉDIT

FOLIO 10.

Derode.

DATES		DÉTAIL	SUR JOURNAL N° de la page	SUR JOURNAL N° de l'article	SOMMES
1873 janvier	15	par Effets à recevoir sa remise deux effets.	57	11	7,000 »
		par Caisse sa remise espèces. .	»	»	200 »
		par Profits et pertes escte 10 %.	»	»	800 »
					8,000 »
février	28	par Journal particul. p. solde	60	27	13,700 »
					21,700 »

DÉBIT

FOLIO 11.

Deswarde

DATES		DÉTAIL	SUR JOURNAL N° de la page	SUR JOURNAL N° de l'article	SOMMES
1873 janvier	1er	à Journal particulier à nouveau	56	1	3,000 »
»	4	à Marchandises générales ma facture	»	4	1,500 »
					4,500 »
mars	1er	à Journal particulier à nouveau	61	29	4,500 »

DÉBIT

FOLIO 12.

Destailleurs

DATES		DÉTAIL	SUR JOURNAL N° de la page	SUR JOURNAL N° de l'article	SOMMES
1873 janvier	1er	à Journal particulier à nouveau	56	1	2,500 »
février	6	à Marchandises générales ma facture	59	20	13,200 »
					15,700 »
mars	1er	à Journal particulier à nouveau	61	29	15,700 »

CRÉDIT

FOLIO 11.

Deswarde

DATES		DÉTAIL	SUR JOURNAL N° de la page	SUR JOURNAL N° de l'article	SOMMES
1873 février	28	par Journal particulier pour solde.	60	27	4,500 »
					4,500 »

CRÉDIT

FOLIO 12.

Destailleurs

DATES		DÉTAIL	SUR JOURNAL N° de la page	SUR JOURNAL N° de l'article	SOMMES
1873 février	28	par Journal particulier pour solde.	60	27	15,700 »
					15,700 »

DÉBIT Folio 13.

Desfontaines.

DATES		DÉTAIL	Sur journal N° de la page	N° de l'article	SOMMES
1873 janvier	1er	à Journal particulier à nouveau	56	1	6,000 »
					6,000 »
mars	1er	à Journal particulier à nouveau	61	29	3,000 »

CRÉDIT Folio 13.

Desfontaines.

DATES		DÉTAIL	Sur journal N° de la page	N° de l'article	SOMMES
1873 janvier	17	par Effets à recevoir sa remise 1 effet (à valoir).	58	12	3,000 »
février	28	par Journal particulier pour solde.	60	27	3,000 »
					6,000 »

DÉBIT Folio 14.

Dutilleul.

DATES		DÉTAIL	Sur journal N° de la page	N° de l'article	SOMMES
1873 janvier	1er	à Journal particulier à nouveau	56	1	18,000 »
février	6	à Marchandises générales ma facture.	59	20	4,800 »
					22,800 »
mars	1er	à Journal particulier à nouveau	61	29	4,800 »

CRÉDIT Folio 14.

Dutilleul.

DATES		DÉTAIL	Sur journal N° de la page	N° de l'article	SOMMES
1873 février	12	par Effets à recevoir sa remise 2 effets.	59	22	15,000 »
	»	par Caisse sa remise espèces . .	»	»	2,460 »
	»	par Profits et Pertes escompte 3 %.	»	»	540 »
					18,000 »
février	28	par Journal particulier pour solde.	60	27	4,800 »
					22,800 »

DÉBIT

FOLIO 15.

Doutreligne.

DATES		DÉTAIL	SUR JOURNAL N° de la page	SUR JOURNAL N° de l'article	SOMMES
1873 janvier	1er	à Journal particulier à nouveau	56	1	1,500 »
mars	1er	Id. id.	61	29	1,500 »

DÉBIT

FOLIO 16.

Cordier.

DATES		DÉTAIL	SUR JOURNAL N° de la page	SUR JOURNAL N° de l'article	SOMMES
1873 janvier	10	à Effets à recevoir ma remise 1 effet (à valoir)	57	7	6,000 »
février	18	à Caisse ma remise espèces	60	24	9,000 »
		à Effets à recevoir id. 1 effet.	»	»	8,000 »
					23,000 »
février	28	à Journal particulier pour solde	61	28	1,700 »
					24,700 »

CRÉDIT

FOLIO 15.

Doutreligne.

DATES		DÉTAIL	SUR JOURNAL N° de la page	SUR JOURNAL N° de l'article	SOMMES
1873 février	28	par Journal particulier pour solde	60	27	1,500 »

CRÉDIT

FOLIO 16.

Cordier.

DATES		DÉTAIL	SUR JOURNAL N° de la page	SUR JOURNAL N° de l'article	SOMMES
1873 janvier	1er	par Journal particulier à nouveau	56	2	23,000 »
	2	par Marchandises générales sa facture	»	3	1,700 »
					24,700 »
mars	1er	par Journal particulier à nouveau	61	30	1,700 »

DÉBIT

Folio 17. **Cornu.**

DATES		DÉTAIL	SUR JOURNAL N° de la page	SUR JOURNAL N° de l'article	SOMMES
1873 janvier	8	à Caisse ma remise espèces (à valoir)	57	6	1,000 »
	25	Id. id. id. .	58	10	3,000 »
					4,000 »
février	28	à Journal particulier pour solde.	61	28	3,000 »
					7,000 »

DÉBIT

Folio 18. **Carmin** (Banquier).

DATES		DÉTAIL	SUR JOURNAL N° de la page	SUR JOURNAL N° de l'article	SOMMES
1873 janvier	10	à Effets à recevoir ma remise 1 effet	57	7	1,300 »
	20	Id. id. 3 effets. .	58	13	10,000 »
					11,300 »
février	28	à Journal particulier pour solde.	61	28	25,700 »
					37,000 »

CRÉDIT

Cornu Folio 17.

DATES		DÉTAIL	SUR JOURNAL N° de la page	SUR JOURNAL N° de l'article	SOMMES
1873 janvier	1er	par Journal partic. à nouveau	56	2	7,000 »
					7,000 »
mars	1er	par Journal partic. à nouveau	61	30	3,000 »

CRÉDIT

Carmin (Banquier). Folio 18.

DATES		DÉTAIL	SUR JOURNAL N° de la page	SUR JOURNAL N° de l'article	SOMMES
1873 janvier	1er	par Journal partic. à nouveau	56	2	29,000 »
»	25	par Caisse sa remise espèces. .	58	15	8,000 »
					37,000 »
mars	1er	par Journal partic. à nouveau	61	30	25,700 »

DÉBIT

Folio 19.

Carrette

DATES		DÉTAIL	Sur journal — No de la page	Sur journal — No de l'article	SOMMES
1873					
janvier	8	à Caisse ma remise espèces à valoir	57	6	500 »
»	22	à Effets à recevoir ma remise 1 effet à valoir.	58	14	3,000 »
»	»	à Caisse ma remise espèces à valoir	»	»	1,500 »
					5,000 »
février	28	à Journal particul. pour solde	61	28	5,500 »
					10,500 »

CRÉDIT

Folio 19.

Carrette

DATES		DÉTAIL	Sur journal — No de la page	Sur journal — No de l'article	SOMMES
1873					
janvier	1er	par Journal partic. à nouveau	56	2	8.000 »
		par March^ses génér. sa facture	»	3	2,500 »
					10,500 »
mars	1er	par Journal particul. à nouv.	61	30	5,500 »

DÉBIT

Folio 20.

Cornillot

DATES		DÉTAIL	Sur journal — No de la page	Sur journal — No de l'article	SOMMES
1873					
janvier	25	à Caisse ma remise espèces à valoir	58	16	4,200 »
février	9	id. id. id. p. solde	59	21	3,400 »
		à Profits et Pertes escompte 5 %	»	»	400 »
					8,000 »

CRÉDIT

Folio 20.

Cornillot

DATES		DÉTAIL	Sur journal — No de la page	Sur journal — No de l'article	SOMMES
1873					
janvier	1er	par Journal particul. à nouv.	56	2	8,000 »
					8,000 »

TABLE DES MATIÈRES

LILLE. IMPRIMERIE LEFEBVRE-DUCROCQ, RUE ESQUERMOISE.

JOURNAL GRAND-LIVRE

D'ANNÉE COURANTE

réduit à sa plus simple expression

L'entête imprimé du registre supprime d'abord tous les titres ci-contre.

Les suivants à marchandises (*ventes*).
Marchandises aux suivants (*achats*).
Caisse aux suivants (*espèces reçues*).
Les suivants à caisse (*payé en espèces*).
Effets à recevoir aux suivants (*effets reçus*).
Les suivants à effets à recevoir (*remise d'effets*).
Profits et pertes aux suivants (esctes *aux clients, etc.*)
Les suivants à profits et pertes (esctes *des fournisrs, etc.*)
Les suivants à UN TEL (*réglement d'un client*).
UN TEL aux suivants (*régl, d'un fournisseur*).

Chaque réglement, si compliqué qu'il puisse être ne prend qu'une ligne.

BEAUCOUP MOINS DE TRAVAIL

ET PLUS DE CLARTÉ

Chaque Débit a en face son ou ses Crédits et les détails y afférant et *vice versa.*

L'ordre des dates peut toujours être observé sans se créer plus de travail qu'en passant écritures tous les huit jours pour *grouper* les articles des comptes généraux. — Plus de groupage. — La comptabilité peut être tenue au jour le jour.

A côté de cette méthode, la comptabilité en partie simple la plus simple, demande autant de travail que cette comptabilité en partie double et est loin d'offrir les mêmes avantages comme contrôle.

La comptabilité d'année courante donnée précédemment dans cette méthode est reproduite **entièrement** avec tous ses détails sur le Journal Grand-Livre d'année courante (Gros Journal) ci-après réduit à sa plus simple expression. — L'entête imprimé de ce registre **abrège le travail de moitié,** tout en donnant plus de clarté aux écritures.

Cette comptabilité est en partie double; elle donne par colonnes toutes les preuves de tous les Journaux Grands-Livres connus jusqu'à ce jour, et, comme ceux-ci, supprime le dépouillement au Grand-Livre de tous les comptes généraux compris sous l'accolade **Divers;** sa grande clarté consiste en ce que tous les Débits sont d'un côté et tous les Crédits de l'autre ; les colonnes « Noms des Comptes **Débiteurs** et **Créditeurs** » rendent la rédaction des articles plus facile : par suite les erreurs deviennent rares et le pointage pour les retrouver est plus clair.

Pour se convaincre de la supériorité de cette méthode il suffit de décomposer un seul réglement. Ainsi, par exemple :

Le 14 Janvier, **Derache** est porté créditeur de frs. 7,000 », pour savoir comment il a réglé il suffit de suivre la ligne vers les comptes Débiteurs, et on trouve :

1°	Dans la colonne	**Effets à recevoir,**	frs 3,000 »	soit 1 effet au 31 Janver (échéance portée dans col.. détail);
2°	Id.	**Caisse,**	» 3,650 »	qu'il a versé en espèces;
et 3°	Id.	**Profits & pertes,**	» 350 »	pour escompte 5 %; (taux porté dans la col.. détail).
		Total. . .	frs. 7,000 »	

En outre la colonne Détail indique que ce réglement solde mes factures au 31 Décembre.

Voilà donc un réglement qui ne prend **qu'une ligne** et où les détails abondent.

En passant cette opération suivant les méthodes généralement employées on aurait dû mettre sur Journal :

Du 14 Janvier

Les SUIVANTS à DERACHE

réglement de mes factures au 31 Décembre.

Effets à recevoir, sa remise 31 ct,	fr. 3,000 »		
Caisse, Id. espèces,	3,650 »		
Profits & pertes, esc. 5 %,	350 »	7,000 »	soit **six lignes au lieu d'une,** c'est-à-dire plus de travail et pas plus de détails.

Cet exemple seul suffira pour disposer chaque négociant à se servir de ce registre à première occasion, c'est-à-dire après que le Journal existant sera rempli, car, je le répète, il y a **réduction du travail, simplification et grande clarté.**

JOURNAL GRAND-LIVRE d'année courante réduit à sa plus simple expression.

LES SUIVANTS (Débit) DOIVENT

Dates	Folios des comptes	Noms des comptes généraux	Détail des opérations	Grand-Livre	Divers : Effets à payer	Caisse	Marchandises	Frais généraux	Profits et pertes	Effets à recevoir	Total (Débit)
1879 Janvier 1er	—	Divers	À nouveau, espèces en caisse et effets en portefeuille			2,000				8,000	10,000
»	8	Durand	id. ce qu'il me doit	4,000							4,000
»	9	Durèche	id. id.	7,000							7,000
»	10	Durode	id. id.	8,000							8,000
»	11	Desmarade	id. id.	3,000							3,000
»	12	Destailleurs	id. id.	2,500							2,500
»	13	Deslochaiste	id. id.	6,000							6,000
»	14	Dutilleul	id. id.	15,000							15,000
»	15	Douteligne	id. id.	1,500							1,500
»	1	Journal particulier	À nouveau, effets restant à payer	13,000							13,000
»	»	Id.	id. ce que je dois	12,000							12,000
»	»	Id.	id. id.	7,000							7,000
»	»	Id.	id. id.	25,000							25,000
»	»	Id.	id. id.	6,000							6,000
»	»	Id.	id. id.	9,000							9,000
2	—	Marchandises générales	facture reçue (achat)				2,500				2,500
»	—	Id.	id. id.				1,700				1,700
4	9	Durand	facture remise (vente)	350							350
»	11	Desmarade	id. id.	1,500							1,500
5	—	Frais généraux	payé note papier					70			70
6	19	Carrette	ma remise espèces (à valoir)	500							500
»	17	Corne	id. (id.)	1,000							1,000
10	18	Caroin	ma remise 1 effet 10 février	1,300							1,300
»	16	Cordier	id. 1 effet 25 mars	6,000							6,000
13	—	Effets à payer	payé mon billet à Corretin		2,000						2,000
13	8	Durand	facture vendue (vente)	2,500							2,500
14	—	Divers	règlement de mes factures au 31 décembre, escompte 5 % et effet 20 ct			2,450			350	5,000	7,000
15	—	Id.	régl. de mes fact. au 31 déc., esc. 10 %, et 2 effets (3,000 f. au 15 fév. et 4,000 f. au 31 mars)			200			800	1,000	8,000
17	—	Effets à recevoir	reçu à valoir 1 effet au 30 janvier							3,000	3,000
20	18	Caroin (banquier)	ma remise 3 effets	10,000							10,000
21	19	Carrette	id. (à valoir) 1 effet 31 ct	4,500							4,500
23	—	Caisse	reçu en espèces			6,000					6,000
»	20	Cornillot	ma remise espèces (à valoir)	4,900							4,900
»	17	Corne	id. id.	2,000							2,000
28	—	Frais généraux	payé note frais de bureau					45			45
30	—	Divers	payé mon billet à Cornillot et appointements d'employés		1,000			900			1,900
			Totaux au 31 janvier 1879 (1)	172,850	3,000	13,550	4,200	1,015	1,150	21,000	216,765
Février 1	—	Caisse	ma remise espèces			7,500					7,500
6	12	Destailleurs	facture vendue (vente)	15,200							15,200
»	14	Dutilleul	id. id.	4,800							4,800
9	20	Cornillot	ma remise espèces pour solde, escompte 5 %	2,500							2,500
12	—	Divers	régl. de mes fact. au 31 déc., esc. 5 %, et 2 effets (8,000 f. au 15 ct et 7,000 f. au 15 mars)			2,400			340	15,000	18,000
13	—	Caisse	ma remise espèces			10,000					10,000
18	15	Cheville	règlement de ses factures au 31 décembre (sans escompte) 1 effet 25 ct	17,000							12,000
»	10	Durode	facture remise (vente)	13,700							13,700
28	—	Frais généraux	appointements d'employés					300			300
			Totaux avant balance de vérification en fin d'exercice	222,550	3,000	31,550	4,200	1,315	1,490	36,000	364,572
28	1	Journal particulier	pour balance (soldes en fin d'exercice)	10,000							10,000
»	»	Id.	id. id.	17,690							17,690
»	»	Id.	id. id.	6,500							6,500
»	»	Id.	id. id.	350							350
»	»	Id.	id. id.	13,700							13,700
»	»	Id.	id. id.	4,500							4,500
»	»	Id.	id. id.	15,700							15,700
»	»	Id.	id. id.	3,000							3,000
»	»	Id.	id. id.	4,800							4,800
»	»	Id.	id. id.	1,500							1,500
»	—	Divers	id. id.		10,000		31,850				41,850
»	16	Cordier	id. id.	1,700							1,700
»	17	Corne	id. id.	3,000							3,000
»	18	Caroin (banquier)	id. id.	23,700							23,700
»	19	Carrette	id. id.	5,500							5,500
			Totaux après clôture etc.	338,690	13,000	31,550	36,050	1,315	1,490	36,000	460,437
Mars 1er	—	Divers	À nouveau, espèces en caisse, effets en portefeuille			8,100				7,700	15,800
»	8	Durand	id. ce qu'il me doit	6,500							6,500
»	9	Durèche	id. id.	350							350
»	10	Durode	id. id.	13,700							13,700
»	11	Desmarade	id. id.	4,500							4,500
»	12	Destailleurs	id. id.	15,700							15,700
»	13	Deslochaiste	id. id.	3,000							3,000
»	14	Dutilleul	id. id.	4,800							4,800
»	15	Douteligne	id. id.	1,500							1,500
»	1	Journal particulier	id. effets restant à payer	10,000							10,000
»	»	Id.	id. ce que je dois	1,700							1,700
»	»	Id.	id. id.	3,000							3,000
»	»	Id.	id. id.	23,700							23,700
»	»	Id.	id. id.	5,500							5,500

AUX SUIVANTS (Crédit)

Dates	Folios des comptes	Noms des comptes généraux	Grand-Livre	Divers : Effets à payer	Caisse	Marchandises	Frais généraux	Profits et pertes	Effets à recevoir	Total (Crédit)
1879 Janvier 1er	1	à Journal particulier	10,000							10,000
»		Id.	4,000							4,000
»		Id.	7,000							7,000
»		Id.	8,000							8,000
»		Id.	3,000							3,000
»		Id.	2,500							2,500
»		Id.	6,000							6,000
»		Id.	15,000							15,000
»		Id.	1,500							1,500
»	—	à Effets à payer		13,000						13,000
»	16	à Cordier	12,000							12,000
»	17	à Corne	7,000							7,000
»	18	à Caroin (banquier)	25,000							25,000
»	19	à Corretin	6,000							6,000
»	20	à Cornillot	9,000							9,000
2	19	à Carrette	2,500							2,500
»	16	à Cordier	1,700							1,700
4	—	à Marchandises générales				350				350
»	—	Id.				1,500				1,500
5	—	à Caisse			70					70
6	—	Id.			500					500
»	—	Id.			1,000					1,000
10	—	à Effets à recevoir							1,300	1,300
»	—	Id.							6,000	6,000
13	—	à Caisse			2,000					2,000
13	—	à Marchandises générales				2,500				2,500
14	9	à Durèche	7,000							7,000
15	10	à Durode	8,000							8,000
17	13	à Deslochaiste	3,000							3,000
20	—	à Effets à recevoir							10,000	10,000
21	—	à Divers			1,500				3,000	4,500
23	18	à Caroin (banquier)	6,000							6,000
»	—	à Caisse			4,900					4,900
»	—	Id.			2,000					2,000
28	—	Id.			45					45
30	—	Id.			1,900					1,900
		Totaux	125,350	13,000	13,915	4,350			20,300	216,765
Février 1	1	à Journal particulier	7,500							7,500
6	—	à Marchandises générales				15,200				15,200
»	—	Id.				4,800				4,800
9	—	à Divers			2,400		100			2,500
12	14	à Dutilleul	18,000							18,000
13	1	à Journal particulier	10,000							10,000
18	—	à Divers			5,000				6,000	12,000
»	—	à Marchandises générales				13,700				13,700
28	—	à Caisse			300					300
		Totaux	160,850	13,000	21,615	38,050	100	450	26,300	364,572
28	1	à Journal particulier	10,000							10,000
»	—	à Divers			8,100		315	1,290	7,700	17,690
»	8	à Durand	6,500							6,500
»	9	à Durèche	350							350
»	10	à Durode	13,700							13,700
»	11	à Desmarade	4,500							4,500
»	12	à Destailleurs	15,700							15,700
»	13	à Deslochaiste	3,000							3,000
»	14	à Dutilleul	4,800							4,800
»	15	à Douteligne	1,500							1,500
»	1	à Journal particulier	41,850							41,850
»		Id.	1,700							1,700
»		Id.	3,000							3,000
»		Id.	23,700							23,700
»		Id.	5,500							5,500
		Totaux	296,650	13,000	31,550	38,050	415	1,490	36,000	460,437
Mars 1er	1	à Journal particulier	15,800							15,800
»		Id.	6,500							6,500
»		Id.	350							350
»		Id.	13,700							13,700
»		Id.	4,500							4,500
»		Id.	15,700							15,700
»		Id.	3,000							3,000
»		Id.	4,800							4,800
»		Id.	1,500							1,500
»	—	à Effets à payer		10,000						10,000
»	16	à Cordier	1,700							1,700
»	17	à Corne	3,000							3,000
»	18	à Caroin (banquier)	23,700							23,700
»	19	à Carrette	5,500							5,500

PREUVES DES COLONNES

Colonnes	
EFFETS À PAYER	Le total crédit moins le total débit donne le montant des effets restant à payer.
CAISSE	Le total débit moins le total crédit donne le montant des espèces en caisse.
MARCHANDISES	Le total débit donne le montant des achats depuis l'inventaire (y compris les retours des clients). Le total crédit donne le montant des ventes depuis l'inventaire (y compris les retours aux fournisseurs).
FRAIS GÉNÉRAUX	Le total débit donne le montant des dépenses en frais généraux depuis l'inventaire.
PROFITS ET PERTES	Le total débit donne le montant des escomptes donnés, agios, intérêts, etc., portés au crédit des banquiers, clients ou autres (Perte). Le total crédit donne le montant des escomptes reçus, agios, intérêts, etc., portés au débit des fournisseurs ou autres (Profit).
EFFETS À RECEVOIR	Le total débit est égal à celui du Livre d'entrée d'effets (Copie d'effets). Le total crédit est égal à celui du Livre de sortie d'effets. — La différence entre ces deux totaux donne le montant des effets en portefeuille.
GRAND-LIVRE	La colonne grand livre se vérifie par balances de vérification mensuelles, trimestrielles, etc., obtenues en dépouillant tous les totaux en débit et en crédit sur le Grand-Livre.

(1) Les additions longitudinales sont contrôlées à chaque fin de page et fin de mois par les additions transversales.

www.ingramcontent.com/pod-product-compliance
Ingram Content Group UK Ltd.
Pitfield, Milton Keynes, MK11 3LW, UK
UKHW021151220726
13924UKWH00003B/1105

9 782019 983956